行程規劃書

港澳玩不膩！

LOV IS THE ANSWER

粟子　文·攝影

14 款香港+ **3** 款澳門單日行程！

隨性依照地區、喜好，以「一日」為單位，
活用搭配出最符合個人需求的行程規劃書！

作者序　眞的玩不膩！

　　與香港的善緣，源於對華語老電影的喜愛，逼迫雙親陪我一去再去，就為買動輒數百港幣的泛黃電影雜誌。朋友見我對香港如此熱情（殊不知是建立在戀古癖與購舊狂的執著上），提點我不妨試著將這些私房路線寫下，於是盡顯個人偏好的《平民風、在地味——我的香港私路線》由此誕生。

　　之後，基於自我突破的挑戰，懷著憨膽接下《香港自助超簡單》合約，待開工時驚覺：「原來我對香港一點都不了！」才明白，自由發揮的「私路線」與按部就班的「超簡單」大不相同。為了補充不足，不僅專程赴港「吃喝玩樂」，更跑得腳不沾地，深深體悟「寫超簡單其實一點也不簡單」！

　　甫經歷《香港自助超簡單》的瘋狂奔走與《平民風、在地味——我的香港私路線》的煎熬修訂（幾近過半換血），本以為短時間內與港書無緣，未料隨即受命《港澳玩不膩！行程規劃書》的差事。更出乎意料的是，此番染指的不只有親愛的香港而已，還有她的好鄰居——澳門。

　　尋找資料與串連景點、設計單日行程的途中，不只一次感嘆：「原來我對香港還是不了！」越寫越發覺香港的美好，也越看越覺得澳門可愛……這才頓悟，原來書名的「玩不膩」非但沒有絲毫誇張，還是最最真切的評論！

　　單單一本書，確實無法將港澳的迷人全然納入，但希望能成為讓新朋友接觸，進而喜歡她們的契機。對於因為寫書而再跑一趟港澳的我來說（不否認有相當程度的假公濟私成分），能再次深入體驗港澳細節就是最棒的回饋。所以，年假還沒休完？連假不知去哪？想嘗試自助旅行？無論愛玩什麼，港澳肯定都有吸引人們快去玩與玩不膩的魅力！

1

行程規畫
Step by Step

港澳遊的優點在於航程短、航班密、機票選擇多、簽證免費神，說走就走，時間自由，無論假期長短、預算多寡、偏好吃喝玩樂抑或悠哉賞景，都可獲得全面滿足。

女人街、太平山頂、中環、南丫島、大三巴、威尼斯人、水舞間……奔赴港澳前，想去的景點自腦海接連蹦出，才發現願望很多、時間很短，點與點間也不知如何串連？莫煩惱，只要順著下列步驟，配合書中設計的一日行程，就能迅速規劃面面俱到的專屬港澳行。

Step 1
著手規劃＝個人願望＋旅行日數

　　選擇港澳作為自助旅行目的地時，想必心中已有不少想像，可能將美食、購物作為旅遊重點，可能以文創、懷舊視為搜尋目標，可能想去迪士尼樂園大玩一場……如何在有限的時間內盡可能達成願望，正是行程規劃的初衷。

　　如果時間有限（兩天一夜、三天兩夜），建議盡量將欲前往的景點集中，以便在短時間內一網打盡，旅館也請挑選活動最密集的區域，減少通車耗費的時間。如果時間較寬裕（停留四天以上），不妨安排離島小旅行，體驗截然不同的香港風情。至於澳門，若是當天往返，可以最知名的大三巴牌坊為中心，一覽歷史城區景致，行有餘力再搭巴士前往冰仔官也街舊城區小遊；若打算過夜，則威尼斯人、新濠天地水舞間都是值得探訪的新興景點。總之，停留越久看（玩）得越多，繽紛多元的港澳讓您永遠去不厭！

Step 2
擬定預算＝花銷評估＋兌換貨幣

「港澳自助行需要準備多少銀子？」是個既簡單又困難的大哉問。筆者認為，與其追求明確而飄渺的數字，倒不如了解自身慾望與預算的平衡點，便能玩得盡興又實惠。

一般而言，趁早計畫旅行可以減少浪費與錯過的發生，例如：一些訂房平臺會給予早鳥 15%（如：Hotel.com），甚至 30% 的折扣；早點確定班機便能先挑選機上座位、熱門節目（如：新濠天地水舞間）的好位子與高級餐廳（如：龍景軒、雅谷餐廳）；熱門伴手禮（如：北角德成號蛋捲）都至少得提早 1、2 個月預訂，先搶先贏。所以，隨興的說走就走固然瀟灑，提前籌備肯定能使旅行更加豐盛愉快。

花銷評估

以「嘗遍道地港澳美食、住二或三星級商務酒店、買平價特色名產的四天三夜、早去晚回、雙人行」為例，單人開銷約在 2.5 萬至 3.5 萬臺幣間（預算清單：飲食 1,000×4 ＋購物 8,000＋旅館 1,500×3 ＋當地交通 3,000 ＋非廉航機票 7,000 ＋門票 5,000）。當然，若想要買名牌、吃米其林三星餐廳、住豪華舒適的四或五星級酒店，甚至到富麗堂皇的 Casino 賭一把，預算肯定得翻好幾倍！

兌換貨幣

儘管刷卡消費已相當普遍（香港更可使用類似悠遊卡的八達通儲值付款），但在傳統街市（菜市場）、茶餐廳、咖啡室、零售鋪、路邊攤等仍為現金交易，出發前請先推估所需的外幣金額預做準備。換匯方面，除了先在臺灣兌換港幣，也可攜帶美金、臺幣等至港澳街邊的「兩替找換店」、「找換兩替」商家換幣。需留意的是，鑑於近年偽鈔猖獗，小店未免損失，言明拒收面額最大的 1,000HKD、1,000MOP 與 10HKD 硬幣（偽幣太多），換幣時記得多索取面額低於 500 的紙鈔，以備不時之需。

由於無法直接在臺灣兌換澳門幣，加上當地通用港幣，不少遊客為省麻煩便直接在澳門使用港幣。

只是,澳門幣幣值雖略低於港幣(1.03:1),在澳門花用港幣卻常有「不設補水」的情形(港幣:人民幣:澳門幣為1:1:1,搭公車與購物時均可澳門幣、港幣混用,至賭場更以港幣為主),花費少則矣、多便肉痛(花費1,000港幣就等於暗虧破百臺幣,使用人民幣損失更重)。開銷較多者,不妨赴澳門分店處處的「瑞昌銀號」或「百匯兌換」換取澳門幣(夠用就好,因澳門幣僅在澳門一地流通),不足再以港幣補上。附帶一提,根據筆者經驗,當地不少店家採取「付港幣、找港幣」、「付澳門幣、找澳門幣」的模式,可謂公平合理。

港澳貨幣兌換

地區	貨幣	匯率	流通貨幣	兌換摘要
香港	港幣 HKD	大約 1:4	人民幣	**臺灣兌換**:安全性高,可比較各銀行匯率,多數銀行不收取手續費,匯率通常以臺銀最佳,兌換時記得多索取百元鈔。 **香港兌換**:機動性強,匯率以「兩替找換店」為佳(銀行每筆需收取100港幣手續費,兩替店則免),須承擔風險(假鈔或錯漏),務必挑選有口碑、正派經營的業者。
澳門	澳門幣 MOP	大約 1:4	港幣 人民幣	**澳門兌換**:即換即用,觀光區周邊的「找換兩替」都可進行匯兌(不收手續費),以港幣、美金兌換匯率較佳。

港澳兩替店推薦

地區	店名	簡介
香港	百年找換店 網址： bcel1985.blogspot.tw	地址：中環德輔道中 61-65 號華人銀行大廈 1703 室（中信銀行樓上） 電話：2523 3403 時間：09:30 ～ 15:30（周六縮短至 11:30） 交通：地鐵中環站 C 出口，右轉直走德輔道中，右轉砵典乍街，大廈入口位在 7-11 右側，乘電梯至 17 樓即達。
澳門	瑞昌銀號 網址： www.soicheong.com	地址：大三巴街 9 號（大三巴店） 電話：2835 7541 時間：10:00 ～ 19:00 交通：位於大三巴牌坊與聖母玫瑰堂間。 附註：另有議事亭分店（新馬路 194 號，08:30 ～ 23:00）、關口店（關閘口海南花園地下 82 號 F 鋪，07:30 ～ 23:30）等多間分號。

行程規劃 Step by Step

港澳玩不膩／行程規劃書

Step 3
辦理證件＝護照＋通知書 or 臺胞證

凡是持中華民國護照（距有效日期不得少於 6 個月）的臺灣居民，前往港澳兩地旅遊相當便捷。到香港僅需持臺胞證（距有效日期不得少於 2 個月）或上網申請通知書（效期 2 個月），赴澳門更享有持護照免簽證（單次逗留 30 日）優惠，堪稱貨真價實的說走就走！

入境香港超輕鬆

臺灣民眾入境香港，主要分成有、無臺胞證（即臺灣居民往來大陸通行證）兩種模式：持有臺胞證者（2015 年 7 月 1 日起即無須辦理入境中國的單次簽註）就可獲准入港；未持有臺胞證或已過期者，請於出發前至「香港政府一站通：臺灣居民預辦入境登記」網頁免費填寫相關個人資料，系統將立即進行審核並回覆，通過後再自行以 A4 空白紙列印「臺灣居民預辦入境登記書」（簡稱通知書），持此證明就能入境香港。無論使用臺胞證或填寫通知書，皆享有 2 個月內入境 2 次、單次最長逗留 30 日的效力。

需格外留意的是，「預辦入境登記」表格中的「英文別名」項目，若您的護照上無此訊息，請千萬不要填寫！目前最常見的糾紛，就是臺灣旅客將平日慣用的英文名當作英文別名填寫，入港時被指「資料與護照內容不符」（因護照上並無此英文名），面臨簽證無效、入境遭拒的窘境。此外，若您的姓名與名人（政治人物、異議分子等身分敏感人士）相同，或是常見的菜市場名（系統有時會認定是同一人重複申請），也可能無法通過線上系統審核，需另外透過旅行社申請付費電子港簽。

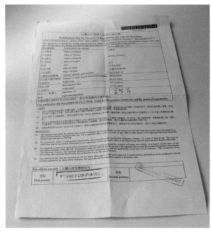
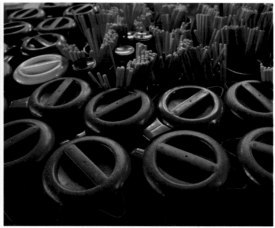

申辦入港一站通

項目	辦理「臺灣居民預辦入境登記書」（簡稱通知書）摘要
登記資格	在臺灣出生 or 臺灣以外地區出生但曾以臺灣居民身分赴港者；未持有由臺灣當局以外機關簽發的任何旅行證件（臺胞證、香港入境許可證及網上快證除外）
登記流程	1. 進入「香港政府一站通：臺灣居民預辦入境登記」網頁。 2. 以中文確實填寫資料：中英文姓名、性別、出生日期、出生地點、臺灣身分證號碼、護照號碼與護照有效日期。 3. 由系統預設的「個人識別問題」選擇其中一項並回答，該答案將作為「檢視／列印登記通知書」時確認身分用途。 4. 資料輸入完成後，系統會自動處理登記，即時告知結果。 5. 若回覆登記成功，請以 A4 白色空白紙張自行列印電腦系統編制的「臺灣居民預辦入境登記書」（通知書），核實文件所載資料後，於通知書上簽署確認無誤。如果登記人為 16 歲以下兒童，其雙親或監護人需代為簽署。
注意事項	1. 通知書有效期限為 2 個月，期間可以訪客身分入港 2 次、每次逗留 30 日。當通知書過期或已使用該通知書入境 2 次，就得重新登記。 2. 辦理香港入境檢查手續時，須出示中華民國護照＋通知書。 3. 若登記不正確或資料不符，將導致登記無效而被拒絕入境。 4. 入境香港時，須持有可用以返回臺灣的旅行證件（一般為中華民國護照），且護照距離有效日期不得少於 6 個月。

TIPS

香港政府一站通：臺灣居民預辦入境登記

網址：webapp.immd.gov.hk/content_ver2/parreg/html/tchinese/declaration.html

Step 4
選擇機票＝港進港出＋早去晚回＋機票比價

　　臺灣與香港、澳門互動密切，其中又以臺港航線最為熱門，競爭激烈的結果就是消費者受惠，除了動輒 7 折甚至更低的價格戰，也有一次解決航班與住宿的「機＋酒」行程。目前，不只桃園國際機場，臺中、臺南、高雄機場皆有直飛香港的班機，儘管選擇不若桃園多元，卻不失為中南部旅客省時省事的選項。

　　基於客觀條件與自身經驗，筆者最推薦「港進港出」、「早去晚回」的安排，機票則以國泰、港龍、華航、長榮等航空公司推出的「機＋酒」套餐為優先考量。至於話題性十足的廉航，雖然破盤票價令人眼睛一亮，卻有機票無法改期、飛機餐付費、行李重量規範嚴格、延誤無實質理賠等變數，與「一張機票包山包海」的一般航空大異其趣，購買前務必權衡。

港進港出

　　除非有特殊規劃，否則港澳行多以香港占比較高，加上機票（價位、飛行時間、班次多寡）優勢，港進港出配合穿梭港澳的高速渡輪是最理想組合。若是相對緊湊的三天以內行程，建議當日往返澳門；若為稍微寬裕的四天甚至更長，則可在澳門停留 1、2 日，享受繽紛燦爛的賭城夜世界。

早去晚回

　　航空公司的低價機票往往限制較多，最常見的便是「晚去早回」，這類機票看似撿到便宜、實則不然──去程（搭機、過海關、領行李、乘車至市區）約耗 3 小時，抵達旅館時天色已晚，能夠利用的時間屈指可數；回程又需大清早整裝出發，最後一天等於報銷。一來一往，雖省下千餘臺幣，卻得付出少停留兩個整日、多花費兩晚住宿費的代價，並非真正的超值首選。

　　考量出發、抵達與營業時間等因素，建議挑選上午 7、8 點臺灣起飛的航班（9、10 點前後抵港），午前就可展開行程（若還不能入住酒店，可先寄放大件行李）；歸時選擇晚間 8、9 點香港起飛的班機（10、11 點左右抵臺），如此就能在市區停留至傍晚（大件行李可在退房後暫存酒店），善用離港前的珍貴時光。

機票比價

　　掌握出發日期與班機時間後，即可透過旅行社、航空公司或機票比價網站 Skyscanner、169 機票小站、背包客棧等平臺，搜尋合適的機票。下訂時，請務必確認相關規範，諸如：機票艙等（以經濟艙為例，主要劃分為 Y/L/Q/M/V/X 區域，V 艙是整架飛機最便宜的座位，數量最少、最快搶購一空）、票期（短期旅遊票、季票、年票）、各種附加費用（兵險、燃油費、機場稅）、能否改時、更改及退票費用等。完成開票前，請確認英文姓名拼音、航班等重要資訊無誤；取得電子機票號碼後，再至所屬航空公司網站辦理網路選位（或稱自助訂位），趁早挑選屬意的位置。

TIPS

Skyscanner

網址：www.skyscanner.com.tw

169 機票小站

網址：webapp.immd.gov.hk/content_ver2/parreg/html/tchinese/declaration.html

背包客棧——機票比價

網址：webapp.immd.gov.hk/content_ver2/parreg/html/tchinese/declaration.html

Step 5
預訂住宿＝預算＋位置＋交通＋安全

　　港、澳兩地旅館選擇非常多元，從豪華寬敞、商務經濟到簡易賓館、青年旅館、平價民宿一應具全，遊客可考量預算、活動區域與個人喜好，挑選適合的住宿地點。整體而言，房價和所在位置、房型設備成正比，這點在寸土寸金的香港尤其明顯。地處旺角、尖沙咀、中環、灣仔、銅鑼灣一帶頗具規模的中大型酒店（如：朗豪酒店、馬可孛羅香港酒店、百樂酒店、金域假日酒店等），即使淡季雙人房仍需 6,000 臺幣起跳；反觀同在鬧區、鄰近地鐵站的賓館（如：佐敦站旁的金怡賓館、韶興賓館等），由於所在位置是綜合大樓內的一層或數層（非獨棟式經營），出入人流複雜（重慶大廈內的廉價賓館安全更是堪憂）、房間狹窄，房費常是正規旅館的一半甚至更低。同理可證，荃灣、東涌、沙田、九龍城等距港九市區或地鐵站較遠的酒店（如：荃灣如心海景酒店、沙田麗豪酒店、九龍城富豪東方酒店等），儘管房間新穎（有的還有游泳池、健身房等設備）、視野寬廣，卻因位置相對不便而價位親民許多。如果不介意奔波通車辛苦，日日多耗費時間往返，倒是另一種超值選擇。

　　澳門方面，考量交通（公車路線密集與免費接駁巴士）與景點位置，最推薦澳門半島新口岸填海區（四、五星級酒店集中地，如：新葡京酒店、葡京酒店、永利澳門度假村、維景酒店等，價位在 4,000 ～ 9,000 臺幣）與議事亭前地、大三巴附近（景點多且相對便宜，如：澳萊大三元酒店、五步廊旅舍十六浦等，價位在 2,000 ～ 4,000 臺幣）。氹仔、路氹與路環的住宿則各有缺點：氹仔的旅館大部分位在東側（巴士澳門大學、澳門賽馬會站附近），無論前往同在氹仔的官也街舊城區，還是澳門半島都需搭乘公車；路環雖然環境清幽、樹影沙灘，卻因在澳門最南端而交通不便，由此乘車至澳門半島至少得耗費半小時以上；至於威尼斯人、新濠天地等頂級度假村齊聚的路氹，雖有免費接駁車的快速優勢，但遺世獨立、物價高（麥當勞訂價是市區的 1.5 倍），且無便利商店。

高 C/P 值平價旅館推薦

區域	名稱	簡介
九龍半島－油麻地	香港 M1 酒店	M1 酒店鄰近彌敦道精華區、油麻地地鐵站旁，屬非常善用空間的新穎經濟型旅館。最棒的是，客房皆免費提供一隻 handy 手機，可無限免費撥打本地及長途電話、3G 上網、Wi-Fi 熱點分享、詳盡香港旅遊指南等，非常便利。 網址：www.m1hotel.hk/cn/Default.html
香港島－上環	西關酒店	西關酒店大廳位在荷李活中心 4 樓，鄰近地鐵上環站、西營盤站，房間經過重新裝修，整潔清爽、服務親切，為溫馨舒適的精品酒店。 網址：www.hotellbp.com.hk
九龍半島－九龍城	富豪東方酒店	富豪東方地處有食城美譽的九龍城，價位較同級旅館低 3 成，房間寬廣、視野佳。巴士路線雖多，也有前往旺角的接駁車，但無地鐵站行經。 網址：www.regalhotel.com/regal-oriental-hotel/tc/home/home.html
澳門半島－新口岸填海區	葡京酒店	1970 年啟用、建築屬於葡萄牙風格的葡京，不僅為澳門首座五星級酒店，也是觀光客早年必訪的博弈聖地。葡京內部裝潢富麗、房間寬敞、景致迷人，還可以直接步行至議事亭前地等世界遺產景點。 網址：www.hotelisboa.com/home-zh_hk
澳門半島－議事亭前地周邊	澳萊大三元	鄰近議事亭前地等世界遺產景點的澳萊大三元，室內寬敞整潔，所處地點位置優越、有多線巴士行經。 網址：www.oletsuhotel.com
澳門半島－望廈山	望廈迎賓館	賓館位於澳門半島北側的望廈山，因擁有五星級的品質、三星級的收費（最低房價 700 澳幣），服務佳、房型好，是炙手可熱的無負評四星級酒店，建議至少提早 1 個月預訂。唯一缺點是地處山坡、出入耗費腿力。 網址：www.ift.edu.mo/tw/pousada/home/index/240

註：以上旅館雙人房價皆不超過 4,000 臺幣，房內皆附免費 Wi-Fi。

PART
1

PART
2

PART
3

PART
6

TIPS

香港旅遊發展局——住宿服務搜尋

網址：www.discoverhongkong.com/tc/plan-your-trip/accommodation/search/index.jsp

簡介：勾選住宿位置、住宿設備（諸如：寬頻上網、加床服務、相連房間、無障礙房間、非吸菸層、房內小廚房、商務中心、免費上網等）、品質認證（有無參與「香港優質旅遊服務」計畫），即列出符合條件的旅館。

agoda

網址：www.agoda.com/zh-tw

簡介：依熱門程度、價位、地點、網友口碑等排序，雖收取服務費但安全性高，遇問題可直接與客服聯繫。

Hotels.com

網址：zh.hotels.com

電話：00801-13-7994（臺灣免付費電話）、02-77450410（臺灣）

簡介：隨時提供全球優惠房價，更推出訂房（且完成入住）10 日贈送 1 日免費住宿（折扣費用為前 10 次入住房價平均值，例如：前 10 次入住房價平均值為 3,000 元，則可享有 3,000 元免費折扣，多補少不退）。

tripadvisor

網址：www.tripadvisor.com.tw

簡介：匯集網友對全球飯店、景點、餐廳的人氣排行，可作為規劃行程的參考指標。

handy

網址：handy.travel/hk/en/hospitalit

簡介：handy 是為香港旅館特別設計的智慧型手機系統，旅客可免費享用網路、通話服務與多語言的旅遊指南、優惠門票及餐廳優惠等。

Step 6
港澳交通＝八達通＋澳門通＋飛航穿梭

便利親民的公共運輸系統，絕對是支撐港澳旅遊產業蓬勃的最大優勢。前者地鐵、巴士、電車、渡輪、小巴、的士多管齊下，後者則有巴士、的士與酒店免費接駁巴士綿密串連，加上日以繼夜往來兩地的高速渡輪，構築迅速便捷的港澳一日生活圈。

隨嗶隨走──八達通＋澳門通

八達通的型態與用途類似臺北捷運的悠遊卡，能夠儲值、支付車資與便利商店、連鎖速食店、藥妝店、超市百貨等小額消費，成人租用版八達通售價 150 港幣（含儲值金 100 港幣、押金 50 港幣），各港鐵站、便利商店等均可加值。使用八達通付費不只快速，更可免去找零麻煩，建議一抵達香港，就立即前往一號客運大廈 5 樓接機大堂（完成提取行李、出海關步驟後即達）中央的機場快線客務中心購買，這裡也提供諮詢、儲值、退卡等服務。

香港有八達通，澳門則有澳門通，兩卡異曲同工，都是搭車、購物不可或缺的便捷選擇。澳門通目前推出多種版本，成人租用版售價 130 澳門幣（含儲值金 100 澳門幣、押金 30 澳門幣），境內所有 7-11、OK 便利店與新花城超市、美適連鎖超市等，都提供購買卡片與加值服務。若需退卡退款，則得前往位在澳門半島新口岸世貿（友誼大馬路 918 號世界貿易中心地下 A-B 鋪，近何賢公園，10:00 ～ 19:00）或黑沙環南澳花園（黑沙環海邊馬路 235 號南澳花園第一座地下 G 鋪，10:00 ～ 19:00，周日休）的澳門通客戶服務中心辦理。

> **TIPS**
>
> 八達通　　　　　　　　　　　　　澳門通
> 網址：www.octopuscards.com 　　網址：www.macaupass.com
>
>

飛航穿梭

香港有 3 座跨境渡輪碼頭設有往返澳門船班，分別為上環港澳碼頭（干諾道中 200 號信德中心內，近地鐵中環站）、尖沙咀中港碼頭（廣東道 33 號中港城內，近地鐵尖沙咀站）與鄰近國際機場的海天客運碼頭，目前由信德中旅船務（噴射飛航）、路氹金光

大道（金光飛航）及珠江客運經營。

　　港澳航線班次頻繁，船票幾乎隨到隨有，儘管如此，還是有不少黃牛明目張膽交易，喊價與票面相同甚至更低！有時櫃檯宣稱售完的即時班次，黃牛仍有多張船票高調兜售，導致買黃牛票成為心照不宣的常態。事實是，黃牛慣於以旅行社名義折扣購入船票，若乘客多（求多於供）就拉高售價；若乘客少（供過於求）則只求小賺，此屬行之有年的地下票務系統，雖不正統但可信。

港澳航線一覽

經營公司	航線	票價	服務時間
信德中旅船務（噴射飛航） 網址：www.turbojet.com.hk	尖沙咀中港碼頭—澳門外港客運碼頭	日航平日往澳門： 普通位 164 港幣 日航平日往九龍： 普通位 152 港幣 日航假日往澳門： 普通位 180 港幣 日航假日往香港： 普通位 168 港幣 夜航往澳門： 普通位 201 港幣 夜航往九龍： 普通位 189 港幣	07:00 ～ 22:30、夜航為 18:00 以後班次 航行時間 60 分鐘、平均 30 分鐘一班
	上環港澳碼頭—澳門外港客運碼頭	日航平日往澳門： 普通位 164 港幣 日航平日往上環： 普通位 153 港幣 日航假日往澳門： 普通位 177 港幣 日航假日往上環： 普通位 166 港幣 夜航往澳門： 普通位 200 港幣 夜航往上環： 普通位 189 港幣	24 小時營運、夜航為 17:15 ～ 06:30 班次 航行時間 55 分鐘、平均 15 分鐘一班（尖峰時 5 分鐘一班）
	機場海天客運碼頭—澳門外港客運碼頭	普通位 254 港幣	機場開 10:15 ～ 21:30 澳門開 07:30 ～ 20:00 航行時間 50 分鐘、平均 2 小時一班

經營公司	航線	票價	服務時間
路氹金光大道（金光飛航） 網址：www.cotaijet.com.mo 	尖沙咀中港碼頭—澳門氹仔客運碼頭	日航平日往澳門：標準艙 165 港幣 日航平日往九龍：標準艙 154 澳幣 日航假日往澳門：標準艙 177 港幣 日航假日往九龍：標準艙 167 澳幣 夜航往澳門：標準艙 201 港幣 夜航往九龍：標準艙 190 澳幣	日航尖沙咀開 08:00、09:00、09:30、11:00、12:00、13:30 日航澳門開 10:15、17:30 夜航澳門開 19:30
	上環港澳碼頭—澳門氹仔客運碼頭	日航平日往澳門：標準艙 165 港幣 日航平日往上環：標準艙 154 澳幣 日航假日往澳門：標準艙 177 港幣 日航假日往上環：標準艙 167 澳幣 夜航往澳門：標準艙 201 港幣 夜航往上環：標準艙 190 澳幣	日航上環開 06:30 ~ 17:30、夜航為 18:00 以後班次 日航澳門開 07:00 ~ 17:30、夜航為 18:00 以後班次 平均 30 分鐘一班
珠江客運 網址：www.cksp.com.hk 	尖沙咀中港碼頭—澳門氹仔客運碼頭	日航標準艙 165 港幣 夜航標準艙 201 港幣	日航尖沙咀開 08:00、09:00、09:30、10:45、12:00、13:30 日航澳門開 17:30 夜航澳門開 19:30
	上環港澳碼頭—澳門氹仔客運碼頭	日航標準艙 165 港幣 夜航標準艙 201 港幣	日航上環開 06:30 ~ 18:00、夜航為 19:00 ~ 23:59 班次 日航澳門開 07:00 ~ 18:00、夜航為 19:00 ~ 03:00 班次 平均 30 分鐘一班

Step 7
使用網路＝免費 Wi-Fi 全攻略＋儲值卡

　　智慧型手機帶來生活的便利性，雖說旅遊在外還低頭有些可惜，但舉凡找景點、看地圖、臉書打卡，樣樣都不免想滑一滑！來到港澳，除非您是時刻離不開網路的重度使用者，否則路上＋旅館的免費 Wi-Fi 已非常足夠。

港澳免費 Wi-Fi 全攻略

區域	名稱	摘要
香港	Wi-Fi.HK 網址： www.wi-fi.hk/zh-HK	・貼有「Wi-Fi.HK 熱點範圍」標記的場所（包括電話亭、咖啡店、便利商店、商場等）即有提供服務。 ・點選以「Wi-Fi.HK」為首的網路名稱連線，常見的型態為「Wi-Fi.HK via（服務供應商名稱）」，唯此 Wi-Fi 沒有加密連線功能。 ・部分為全天免費、部分為單天累計制（如一日內 30 分鐘免費），由所在的服務供應商決定。
澳門	Wi-FiGo（Wi-Fi 任我行） 網址： www.wifi.gov.mo/cn	・服務時間：08:00 ～ 01:00（部分服務點為 24 小時） ・使用非加密連線，點選網路名稱「wifigo」連線即可；使用加密連線，點選網路名稱「wfigo-s」連線後，再輸入使用者名稱「wifigo」與密碼「wifigo」。 ・最高頻寬為下載 3MB、上傳 512KB，速度視用戶多寡、信號強弱不同。 ・每次連線時間超過 45 分鐘會自動斷線，需手動再次連線。

　　如果覺得免費 Wi-Fi 仍不敷使用，可在全港的 1O1O（香港機場一號客運大廈 5 樓接機大堂即有）、csl.、PCCW-HKT 門市與便利商店（包括 7-11、Circle K 和 VanGO），以及位於尖沙咀天星碼頭的九龍旅客諮詢中心等處選購「香港任縱橫儲值卡」。卡片有「五日型」88 港幣（1.5GB 流動上網）、「八日型」118 港幣（5GB 流動上網、支援澳門數據漫遊）等選擇，付款時請留意 SIM 卡規格與本身手機是否合用（建議抵港後直接到位於接機大堂的 1O1O 諮詢）。

TIPS

香港任縱橫儲值卡

網址：www.discoverhongkong.com/tc/plan-your-trip/traveller-info/communications/tourist-sim-card.jsp

Step 8
確定行程＝照表操課＋適時搭配

　　相信「有效率地暢遊港澳」是您翻閱《港澳玩不膩！行程規劃書》的主要目的，為確切達成行程規劃的宗旨，書中以「九龍鐵腿逛到翻」、「環環的花樣年華」、「我的月滿軒尼詩」、「港島的海岸風情」及「澳門的混血果實」等 5 個單元介紹港澳必訪經典，設計 17 條單日行程、導覽 28 個重點區域，協助您迅速掌握港澳精華！

　　書中的單日行程是以「完整一日」為概念設計，全然照表操課之餘，亦可適時搭配組合──若想在某景點多做停留，便將後續行程斟酌刪減；或是根據個人喜好，以活動區域為單位調整。此外，筆者推薦的飲食與購物景點，如：香港的「英記茶莊」、「翠華餐廳」、「曲奇 4 重奏」、「太興餐廳」、「華星冰室」與澳門的「鉅記餅家」、「咀香園餅家」等，除了文中列出的店址，尚有其他分店（鉅記、咀香園更是分店眾多），若在旅途中巧遇也可順道入內用餐或選購。

　　至於最重要的交通連結，「照表操課者」可全然依循書中設計的順利連結，「脫稿演出者」也能循景點導覽的交通資訊靈活調配。說到底，行程僅是讓您避免錯失好景點的參考，一切還是以盡興愉快為最高原則。

惠豐中心

MIRABELL FOOTWEAR

豐澤 FORTRESS

The ol

九龍鐵腿逛到翻

文中的九龍主要指九龍半島南側的九龍城、深水埗及油尖旺等行
政區域，以彌敦道為主軸的油尖旺一帶，更是商業稠密區。步行
其間，極具特色的大型招牌或直或橫搶攻視線，沒走幾步就有推
銷傳單飛速遞來，行人穿越道的提示聲嗶嗶作響，撲克臉的港人
快節奏奔馳……眼前正上演最真實的「香港一日」舞臺劇。

無論是馳名全球的國際品牌、專攻年輕族群的特色潮店、觀光客
最愛的血拼攤位、部落客推薦的庶民美食，吃喝玩樂、多采多姿，
讓您逛到鐵腿也無怨尤！

PART 1

PART 2

PART 3

PART 4

PART 5

PART 6

單日行程：
必遊精華走透透 × 小資貴婦大確幸 × 正統港味食通海

行程1 必遊精華走透透

日 程	活動區域	行程關鍵字	頁 碼
早餐	深水埗	【飲茶】添好運點心專門店	32
	太子	【主題街道】花墟	36
	黃大仙	【景點】嗇色園黃大仙祠	39
		【風土】九龍城街市	40
	九龍城	【購物】上海新三陽南貨	41
點心 午餐		【酥皮蛋撻】豪華餅店	42
		【泰式料理】昌發泰國粉麵屋	42
		【風土】旺角街市	43
		【購物】朗豪坊	45
	旺角	【主題街道】西洋菜南街	43
		【主題街道】女人街	43
		【港式滷味】肥姐小食店	45
點心	佐敦	【炒蛋多士】澳洲牛奶公司	51
		【購物】The One	53
		【購物】K11	53
		【購物】iSQUARE	53
		【電影場景】重慶大廈	53
	尖沙咀	【電影場景】半島酒店	53
		【伴手禮】Jenny Bakery 珍妮小熊餅店	56
午茶		【茶餐廳】翠華餐廳	56
		【購物】1881	53
		【購物】海港城	53
	油麻地	【主題街道】廟街夜市	48
晚餐		【煲仔飯】興記煲仔飯	49
		【景點】前九廣鐵路鐘樓	57
	尖沙咀	【購物】星光大道	58
		【景點】維港夜景	57

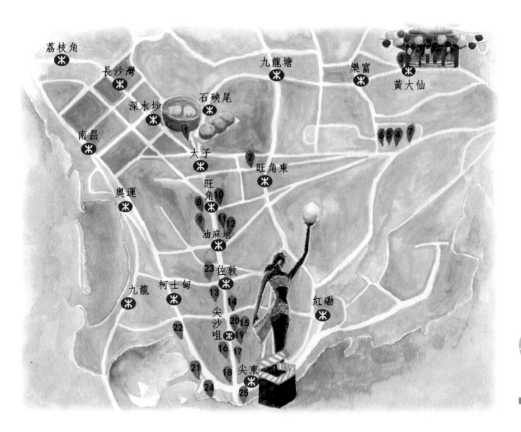

START →地鐵「深水埗站」B2 出口，步行約 8 分鐘；巴士「（南行）西洋菜里站、（北行）福華街休憩公園站」，步行約 30 秒鐘→ ❶ 添好運點心專門店→步行約 12 分鐘→ ❷ 花墟→地鐵「太子站→黃大仙站」→ ❸ 嗇色園黃大仙祠→巴士「黃大仙中心站（近地鐵黃大仙站）乘 75X →衙前圍道站」車程約 25 分鐘→步行約 5 分鐘→ ❹ 九龍城街市→步行約 1 分鐘→ ❺ 上海新三陽南貨→步行約 2 分鐘→ ❻ 豪華餅店→步行約 4 分鐘→ ❼ 昌發泰國粉麵屋→步行約 6 分鐘→巴士「侯王道站（位於太子道西）乘巴士 1A →旺角奶路臣街站」→步行約 2 分鐘→ ❽ 旺角街市、 ❾ 朗豪坊→步行約 3 分鐘→ ❿ 西洋菜南街、 ⓫ 女人街、 ⓬ 肥姐小食店→地鐵「旺角站→佐敦站」；巴士「（彌敦道南行）尖沙咀德成街站」→步行約 2 分鐘→ ⓭ 澳洲牛奶公司→步行約 10 分鐘→ ⓮ The One、 ⓯ K11、 ⓰ iSQUARE、 ⓱ 重慶大廈、 ⓲ 半島酒店、 ⓳ 珍妮小熊餅店、 ⓴ 翠華餐廳→步行約 3 分鐘→ ㉑ 1881→步行約 5 分鐘→ ㉒ 海港城→地鐵「尖沙咀站→油麻地站」；巴士 1、1A、2、6、7、9 等「（北行）尖沙咀碼頭站→油麻地文明里站」→步行約 5 分鐘→ ㉓ 廟街夜市、興記煲仔飯→地鐵「油麻地站→尖沙咀站」；巴士 1、1A、6 等「（彌敦道南行）→尖沙咀碼頭站」→步行約 1 分鐘→ ㉔ 前九廣鐵路鐘樓→步行約 6 分鐘→ ㉕ 星光大道、維港夜景→步行約 1 分鐘至巴士「尖沙咀碼頭站」；步行約 7 分鐘至地鐵「尖沙咀站」→旅館

行程2 小資貴婦大確幸

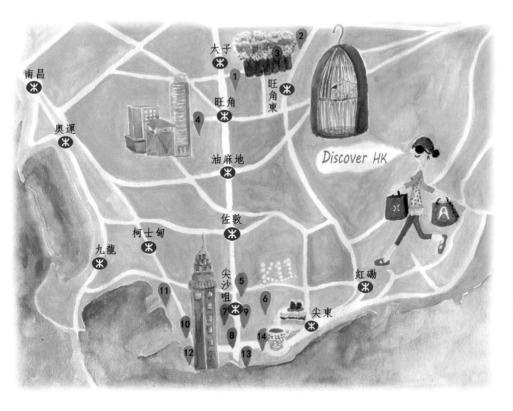

Discover HK

 交通方式

START → 地鐵「太子站」B2 出口，步行約 6 分鐘；巴士「（南行）旺角鐵路站、（北行）旺角弼街站」→步行約 4 分鐘→ **①金華冰廳**→步行約 10 分鐘→ **②園圃街雀鳥花園**→步行約 2 分鐘→ **③花粉熱**→步行約 7 分鐘→地鐵「太子站→旺角站」；巴士「（彌敦道南行）→旺角奶路臣街站」→步行約 1 分鐘→ **④朗豪坊、明閣**→地鐵「旺角站→尖沙咀」→步行約 1 分鐘→ **⑤ The One**、**⑥ K11**、**⑦ iSQUARE**→步行約 1 分鐘→ **⑧半島酒店**→步行約 1 分鐘→ **⑨珍妮小熊餅店**→步行約 5 分鐘→ **⑩ 1881**→步行約 4 分鐘→ **⑪海港城、翡翠拉麵小籠包**→步行約 3 分鐘→ **⑫前九廣鐵路鐘樓**→步行約 6 分鐘→ **⑬星光大道、維港夜景**→步行約 8 分鐘→ **⑭甜蜜蜜新生咖啡店**→步行約 1 分鐘至地鐵「尖東站」；步行約 3 分鐘至彌敦道、地鐵「尖沙咀站」→旅館

行程3 正統港味食通海

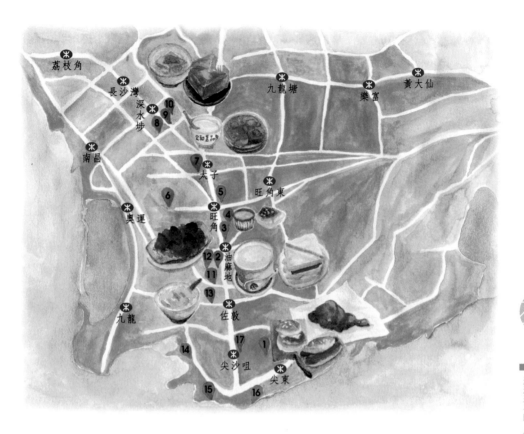

交通方式

START → 地鐵「尖沙咀站」B2 出口，步行約 3 分鐘；巴士「（南行）金巴利道站、（北行）九龍公園站」→步行約 5 分鐘→ ❶ **丹麥餅店**→巴士「（彌敦道北行）→油麻地眾坊街站」→步行約 1 分鐘→ ❷ **港澳義順牛奶公司**→巴士「（彌敦道北行）→旺角長沙街站」→步行約 4 分鐘→ ❸ **櫻島麵包餅店**→步行約 2 分鐘→ ❹ **女人街**、 ❺ **西洋菜南街**→步行約 5 分鐘→ ❻ **旺角街市**→步行約 12 分鐘→ ❼ **永合隆飯店**→步行約 10 分鐘→ ❽ **鴨寮街**→步行約 1 分鐘→ ❾ **公和荳品廠**→步行約 1 分鐘→ ❿ **維記咖啡粉麵**→步行約 1 分鐘→地鐵「深水埗站→油麻地站」→步行約 5 分鐘→ ⓫ **廟街夜市**、 ⓬ **美都餐室**→步行約 8 分鐘→ ⓭ **和味生滾粥**→沿彌敦道步行→ ⓮ **海港城**→步行約 3 分鐘→ ⓯ **前九廣鐵路鐘樓**→步行約 8 分鐘→ ⓰ **星光大道**、**維港夜景**→步行約 12 分鐘→ ⓱ **翠華餐廳**→步行約 1 分鐘至地鐵「尖沙咀站」；步行約 1 分鐘至巴士「九龍公園站」→旅館

景點導覽：
深水埗 × 太子 × 黃大仙 × 九龍城 × 旺角 × 油麻地 × 佐敦 × 尖沙咀

區域 深水埗

食 來自星星的你──添好運點心專門店

　　添好運老闆麥桂培原為龍景軒 (米其林三星粵菜餐廳) 點心主管，自立門戶很快就獲米其林一星殊榮，並且年年入選。店家強項是新鮮到位的港式點心，選項雖不若傳統酒樓多元，但樣樣都有使人驚豔的表現，尤以鮮蝦燒賣皇、酥皮焗叉燒包、韭黃鮮蝦腸、香滑馬拉糕等最受歡迎。堅持平價原則的添好運，每份點心訂價多在百元臺幣以下，被譽為「全球最便宜的米其林餐廳」。添好運屬吃完就走的快餐店形式，桌凳間非常狹窄，不適合攜帶大型行李或瘋狂購物後前往。店內用餐時段人潮爆量，排隊無可避免，建議冷門時段光顧，省去等候時間。

添好運點心專門店

地址：深水埗福榮街 9-11 號（深水埗店）
電話：2788 1226
時間：08:00 ～ 21:30
交通：地鐵深水埗站 B2 出口，直走北河街（過福華街），右轉入福榮街，至街底可見。巴士西洋
　　　菜里站（南行，九巴 6、6C 等）下車，店家位在對街；巴士福華街休憩公園站（北行，九巴
　　　6、6C 等）下車，往北走即達。

玩 宅宅大本營——鴨寮街（電子用品街、跳蚤市場）

　　鴨寮街上的攤位商品涵蓋手機配件、影音產品、音響器材、電子零件、古董雜貨、舊錢腕錶等……貨色齊全、價格實惠，其中不乏頂尖新品與機能尚佳的二手貨。鄰近的長沙灣道（地鐵站 C1、D1 出口）側，為販售女裝為主的成衣批發大本營，服飾每件 20 港幣起跳，輕薄運動外套也不過百元港幣，繽紛多樣、薄利多銷，購買時需留心檢查。

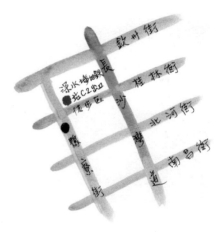

INFO

鴨寮街

位置：深水埗鴨寮街
時間：12:00 ～ 00:00
交通：地鐵深水埗站 C2 出口。

古早豆食情──公和荳品廠

　　店內販售使用非基改黃豆、循古法手工製作的豆類加工食品，其中煎釀豆腐、黃金魚腐、冷熱豆花是必點招牌。堅持使用傳統石磨研製的豆漿，口感濃郁細滑、一飲難忘。

INFO

公和荳品廠

地址：深水埗北河街 118 號
電話：2386 6871
時間：07:00 ～ 21:00
交通：地鐵深水埗站 B2 出口，直走北河街
　　　（過福華街），店鋪位在右側。

食 神級豬潤麵——維記咖啡粉麵

創業於 1957 年的維記，以豬潤牛肉麵（豬潤即豬肝）、加央西多士（由椰子、雞蛋混合調製的咖央醬抹吐司）馳名。烹調豬潤系列麵食時，店家刻意不將豬肝煮熟後的血水撈除，致使湯面浮著茶色泡沫。儘管豬潤牛肉麵賣相普通，但豬肝口感鮮嫩爽脆，湯鮮味美、濃而不腥。

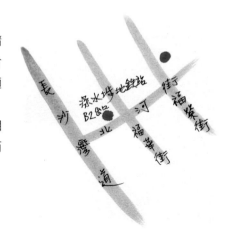

INFO

維記咖啡粉麵

地址：深水埗福榮街 62、66 號與北河街 165-167 號 D 鋪
電話：2387 6515
時間：06:30 ～ 20:30（周六、周日提早至 19:15）
交通：地鐵深水埗站 B2 出口，直走北河街（過福華街），左轉入福榮街，店鋪位在右側。

PART
1

PART
2

PART
3

PART
4

PART
5

PART
6

區域 太子

玩 讓我們賞花去——花墟

喜愛「拈花惹草」的朋友，別錯過香港最大的花卉市集——太子花墟。鄰近太子道西的花墟道，兩側聚集近百家商店，銷售來自香港新界與世界各地的鮮花、仿真花、乾燥花和盆栽、園藝用品，可謂香港的城市花園，周末假日總是人山人海。逛花墟，新貨剛到的大清早是最佳時段，「色香俱全」的美麗畫面使人心曠神怡。

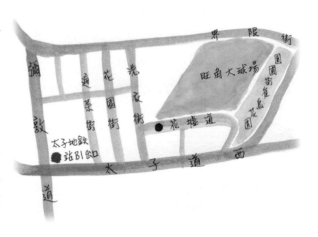

INFO

花墟
位置：太子花墟道
時間：07:00 ~ 19:00
交通：地鐵太子站 B1 出口，往東沿太子道西行，左轉洗衣街，右轉花墟道。

食 極品菠蘿油王——金華冰廳

老字號的金華冰廳對品質格外講究，堅持自製自銷。鎮店之寶菠蘿油是有口皆碑的實力派，包身有彈性、酥皮香脆花紋細密，其餘像是蛋撻、法蘭西多士 (法國吐司) 也廣受好評。店家格外重視奶茶素質，由於茶葉易受氣候因素影響，為保持相同的高水準，日日費心調整配方，熱奶茶與菠蘿油一併入口，堪稱金華絕代雙驕。

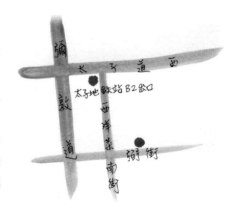

INFO

金華冰廳

地址：太子弼街 45、47 號
電話：2392 6830
時間：06:30 ～ 00:00
交通：地鐵太子站 B2 出口，往南直走西洋
　　　菜南街，左轉弼街，不久可見。

玩 鳥語花香城市版──園圃街雀鳥花園

　　雀鳥花園為一座強調牌樓特色的中式庭園建築主題公園，其內聚集許多販賣雀鳥、飼料、雀籠等的商家，吸引大批愛鳥人士與遊客前往。

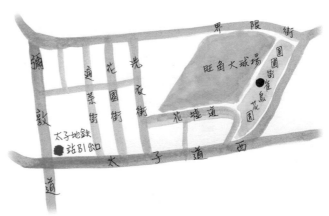

INFO

園圃街雀鳥花園

位置：太子太子道西（入
　　　口處位於界限街、
　　　園圃街叉口）
時間：07:00 ～ 20:00
交通：地鐵太子站 B1 出
　　　口，沿太子道西往
　　　旺角大球場方向，
　　　步行約 10 分鐘。

🅕 園藝主題 coffee shop──花粉熱

以花卉植物園藝和木質鄉村風情為概念的花粉熱，是藏身在花海中的複合式咖啡館。店內不僅供應醇厚濃郁的咖啡茶飲、簡單可口的輕食糕點，還可見精心設計的花卉擺件與手作藝品，鬧中取靜、清心愜意。

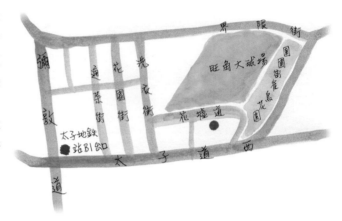

INFO
花粉熱
地址：太子花墟道 62 號
電話：2397 0668
時間：09:00 ～ 21:00（周三休）
交通：地鐵太子站 B1 出口，往東沿太子道西行，左轉洗衣街，右轉花墟道。店家位於花墟道近園圃街處，鄰近雀鳥花園。

🅕 乳豬燒臘第一家──永合隆飯店

位在地鐵站旁的永合隆，以炭爐燒製的黃金脆皮燒肉與招牌烤乳豬聞名，影視機構開鏡多在此訂購乳豬。店家保有舊時街坊氣氛，玻璃櫃內懸掛現烤出爐燒味，是值得專程前往的傳統老鋪。永合隆的飯類餐點有碗與碟兩種計價方式，前者平均低 2 ～ 3 港幣，差距主要在飯量的多寡，建議欲保留「食力」者，不妨兩人共享一碗○○飯，再依喜好加點細碟燒味。

INFO

永合隆飯店

地址：太子砵蘭街 392 號
電話：2380 8511
時間：11:00 ～ 22:00
交通：地鐵太子站 D 出口，左轉砵蘭街即見。

(區域) 黃大仙

(玩) 香港最靈——嗇色園黃大仙祠

黃大仙祠是本地香火最旺的道教廟宇，整日都有信眾誠心跪在廟前求籤，希冀「籤文靈驗」的黃大仙給予「有求必應」的指引。有興趣求籤者，取得籤文後除了自行解讀，也可請人解籤，收費約 20 ～ 30 港幣（5 分鐘），想進一步知福禍、

批流年，周邊也有命理攤位提供解惑服務，諸如：測字 100 港幣（5 分鐘）、看手相 500 港幣（10 分鐘）、富貴批命 2,000 港幣等。黃大仙祠不僅主祀黃大仙，亦供奉觀音、呂洞賓、關帝、孔子等，祠內珍藏許多道教、佛教與儒家典籍，展現其兼容並蓄、三教融合的特色。

綜觀香港各大廟宇，網友簡要歸納：「黃大仙最有名的是求籤上香，想轉運就去車公廟，求姻緣就到灣仔姻緣石，觀音廟則是借錢求財運，想升官發財、考試高分就去中環文武廟，想看相被騙錢就去廟街……」香港和臺灣類似，「有目的」的信徒各有各的去所，求神拜佛前敬請留意。

INFO

嗇色園黃大仙祠

地址：黃大仙竹園村 2 號
電話：2327 8141
時間：07:00 ～ 17:30
交通：地鐵黃大仙站 B 出口。

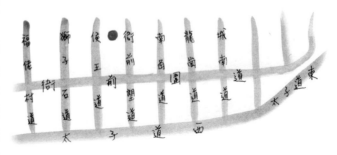

PART
1

PART
2

PART
3

PART
4

PART
5

PART
6

區域 九龍城

玩 全方位食城——九龍城街市

位於九龍城市政大廈內，一樓販賣蔬菜水果、二樓以肉類為主、三樓則是熟食區，規劃類似臺北的士東市場。不僅街市本身人氣鼎盛，周圍也群聚專售南北乾貨、生鮮菜肉的店鋪，是港人挑選食材的首選，野生的周潤發夫婦就曾在此被捕獲。

隨著大批泰國移民遷入，衙前圍道兩側林立過百間泰菜食肆與雜貨鋪，不僅如此，這裡還有廣受老饕推薦的清真牛肉餅與潮州菜，滋味同樣道地。小小區域發展出如此多樣繽紛的多國料理，「食城」稱號當之無愧。

INFO

九龍城街市

地址：九龍城衙前圍道 100 號

電話：2383 2224

時間：06:00 ~ 20:00（街市）、06:00 ~ 14:00（熟食中心）

交通：巴士富豪東方酒店（15、21、26、40、101、106 等）、侯王道站（2、2A、69）、獅子石道站（1A、70、110 等）下車，往衙前圍道方向，步行約 5 ~ 8 分鐘；紅色小巴（旺角 ⟷ 黃大仙、九龍城）至九龍城街市前下車，旺角乘車處位在近亞皆老街的先達廣場，該處為起站，一般車滿就發；地鐵九龍塘站出，轉乘計程車。

買 料理人寶庫──上海新三陽南貨

　　開業超過半世紀的上海新三陽，主要販售來自中國江南的金華火腿、上海年糕、蘇杭糕點、寧波湯圓等特色食品，同時網羅各地特色醬料、水酒、乾貨等，多元萬象、價格實惠，是南北貨發燒友的天堂。

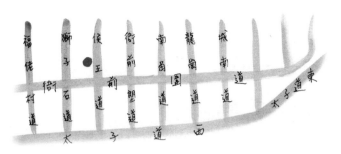

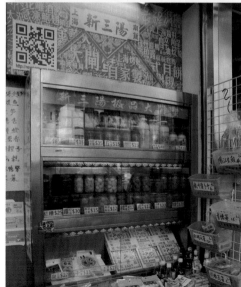

INFO

上海新三陽南貨

地址：九龍城侯王道 49-51 號
電話：2382 3780
時間：08:00 ~ 20:00
交通：近九龍城街市。

PART 1
PART 2
PART 3
PART 4
PART 5
PART 6

🍴 泰好味！——昌發泰國粉麵屋

昌發泰國粉麵屋供應道地泰國料理，用餐時間總是高朋滿座，其中以遊船河（色澤濃郁的鴨血湯底，加入肉丸、肉片、豬肝、豆芽、空心菜等一同燴煮）、海南雞飯、炸蝦餅等最受推崇。

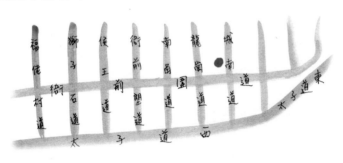

🍴 蛋撻之王——豪華餅店

豪華餅店的酥皮蛋撻號稱全港 No.1，酥皮鬆脆、層次分明，內餡清甜爽口，紙包蛋糕、芝士蛋糕和花卷（瑞士捲切片）也很得人心。

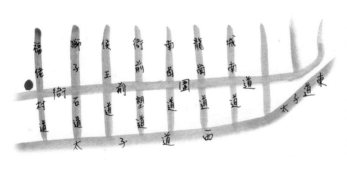

INFO

昌發泰國粉麵屋
地址：九龍城城南道 27 號
電話：2382 5998
時間：11:00 ~ 23:30
交通：自街市往東直走衙前圍道，經衙前塱道、南角道、龍崗道，左轉城南道即達。

豪華餅店
地址：九龍城衙前圍道 136 號
電話：2382 0383
時間：06:00 ~ 22:00
交通：自街市往西直走衙前圍道，經侯王道、獅子石道，店鋪位在福佬村道叉口。

區域 旺角

玩 香港潮人集中地——旺角

越夜越燦爛的旺角，是九龍半島商業活動最蓬勃熱鬧的精華地段，區內新舊樓宇林立，購物區、住宅區層疊交替，一樓幾乎全作為餐廳、商店用途，平日晚間與例假日全天總擠得水洩不通。旺角以彌敦道貫穿，交通非常便捷，露天街市、新型商場、庶民小吃齊備，吸引大量年輕消費族群湧入。

旺角有多條「物以類聚」的特色街道，例如：女人街、西洋菜南街、槍街 (即廣華街，銷售軍裝配備、模型玩具等野戰用品)、球鞋街 (即花園街，因運動鞋店聚集而得名)、新填地街 (販售五金物品著稱) 等。為緩解壅塞情況，人流最旺的女人街與西洋菜南街，夜間和假日時段改為行人專用，情形類似臺北的西門町徒步區。

除了種類多元的小型商家，亦有多間打群體戰的集合式商場，像是：使砵蘭街由治安堪慮的紅燈區蛻變為摩登商業區的朗豪坊、堪稱港式潮物聚集地的荷李活商業中心、匯聚中外影音娛樂流行產品的信和中心、以模型玩具為主力特色的兆萬中心、集郵與舊貨發燒友必去的好望角購物中心等。考量客群消費習性，店鋪多在中午以後才開門，營業至晚間 10 點甚至更晚。

貓爪
別摸或玩耍

INFO

旺角街市

位置：九龍旺角廣東道（亞皆老街兩側）、新填地街（亞皆老街南側）、新填地街與廣東道之間的奶路臣街

時間：06:00 ~ 19:00（生鮮蔬果中午收攤、熟食日用品營業至傍晚）

交通：地鐵旺角站 C2 出口；巴士旺角街市站。

周邊：朗豪坊（亞皆老街 8 號）、好望角購物中心（砵蘭街、豉油街叉口）

女人街

位置：九龍旺角亞皆老街與登打士街之間的通菜街

時間：12:00 ~ 00:00

交通：地鐵旺角站 D3 或 E2 出口；巴士彌敦道沿線奶路臣街、銀行中心、山東街站。

簡介：即通菜街，以女性服飾、玩具布偶、手袋 T 恤、名牌 A 貨、可愛小物等為主的廉價露天市集。

西洋菜南街

位置：九龍旺角亞皆老街與登打士街之間的西洋菜南街

時間：12:00 ~ 00:00

交通：地鐵旺角站 D3 或 E2 出口；巴士彌敦道沿線奶路臣街、銀行中心、山東街站。

簡介：聚集電子商品、攝影器材、潮流服飾、平價美妝、樓上書店、街頭表演等。

周邊：荷李活商業中心（彌敦道 610 號，商場入口位於西洋菜南街）、信和中心（彌敦道 580 號）、兆萬中心（西洋菜南街 1 號）

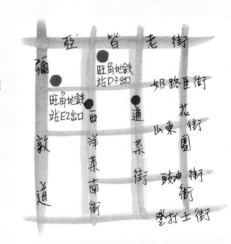

🍴 港產經典滷味——肥姐小食店

用竹籤串食的下水滷味是香港著名的街頭小吃，肥姐從推攤小販做起，至今發展成排隊人龍綿延的發燒店。肥姐的滷味以乾淨見稱，自家調製的醬料濃淡適中，齊備三款熱銷商品的皇牌套餐（細生腸、火雞腎、大墨魚）是老饕必點的肥姐三寶。

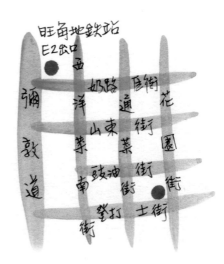

INFO

肥姐小食店

地址：旺角登打士街 55 號 4A 鋪
電話：9191 7683
時間：14:00 ～ 23:00（售完為止）
交通：地鐵旺角站 E2 出口，往南直走彌敦道，左轉山東街，行經西洋菜南街、通菜街，右轉花園街至底即達；巴士旺角豉油街站（北行）下車，往南直走彌敦道，左轉登打士街（過通菜街），店鋪位在花園街叉口；巴士旺角長沙街站、油麻地碧街站（南行）下車，穿過彌敦道，之後路線同前。

🛍 最旺綜合商場——朗豪坊

朗豪坊座落人煙稠密的旺角中心，與地鐵站直接連通。建築群由朗豪坊購物商場、朗豪酒店與朗豪辦公大樓組成，商場高 15 層，特色地標為串連 4A 至 8 樓間的通天梯，是香港最長的商場手扶梯。朗豪坊擁有近 200 間店鋪，包括：H&M、:CHOCOOLATE、i.t、RABEANCO 等，國際與本地知名品牌服飾、包包、保養化妝品、餐廳齊聚，並附設電影院、超級市場與香港西武百貨公司。

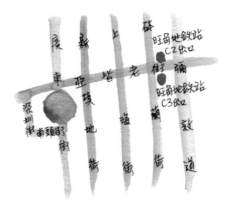

INFO

朗豪坊

地址：九龍旺角亞皆老街 8 號
電話：3520 2800
時間：11:00 ～ 23:00
交通：地鐵旺角站 C3 出口。

🍴 功夫粵菜殿堂──明閣

　　明閣是烹調細膩功夫粵菜的高手，得獎料理龍皇披金甲以海斑加入釀蝦膠入鍋油炸，將海斑的鮮甜與蝦膠的爽甜發揮得淋漓盡致，賣相醒目、口感香脆、極有水準。其餘使用高檔食材的菜式──清酒煮鮑魚、海生蝦炒蛋白等，用料頂級、擺盤用心，不愧為米其林榜單的星級常客。

🍴 至尊叉燒酥──櫻島麵包餅店

　　櫻島以物美價廉取勝，麵包酥餅現做現賣，皆有水準以上的表現。巴掌大的三角叉燒酥厚實飽滿，葡式蛋撻層次鮮明，路人無不垂涎。

INFO

明閣

地址：旺角上海街 555 號朗豪酒店 6 樓
電話：3552 3300
時間：11:00 ～ 14:30、18:00 ～ 22:30
交通：旺角地鐵站 C4 出口，往西直走亞皆老街（過砵蘭街），左轉上海街，靠右（左側為朗豪坊）入朗豪酒店；由朗豪坊 L4 穿過人行天橋至朗豪酒店。

INFO

櫻島麵包餅店

地址：旺角花園街 7 號
電話：2782 2817
時間：06:45 ～ 21:00
交通：地鐵旺角站 E2 出口，往南直走彌敦道，左轉山東街，行經西洋菜南街、通菜街，右轉花園街十餘步可見，旁為全港連鎖的「凱施餅店」（推薦食物為菠蘿油）。

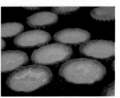

區域 油麻地

玩 平民夜總會——廟街夜市

　　因為天后廟而得名的廟街，高知名度源於《食神》、《新不了情》與 90 年代古惑仔系列港產電影，造就「幫派分子都來廟街混」的片面印象。實際上，廟街白天是攤販林立的菜市場，晚上則成為販賣電子產品、廉價服飾、香港風情紀念品的觀光夜市，附近聚集麻雀館（麻將館）與芬蘭浴，由於造訪者多為男性，也暱稱男人街。靠近廟街一帶，有許多粵劇票友即興演出、擺攤算命仙鐵口直斷，洋溢濃濃港式氛圍。不僅如此，廟街也是庶民美食重鎮，沿街桌椅相連、遮雨棚綿延的大牌檔（路邊攤），店家以煲仔飯、炸蠔餅等粵式快炒為賣點，口味大眾、座無虛席。

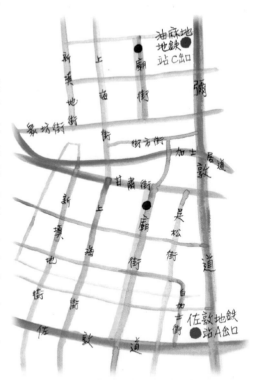

INFO

廟街夜市

位置：油麻地廟街
時間：14:00 ～ 02:00（19:00 後攤位較齊全）
交通：地鐵油麻地站 C 出口，迴轉直走文明
　　　里，左轉入廟街；地鐵佐敦站 A 出口，
　　　右轉直走佐敦道，右轉入廟街。

🍴 火上直送熱辣辣──興記煲仔飯

開業至今超過 30 年的興記，供應超過 40 款煲仔飯，以經典的臘味、鳳爪排骨、咸魚肉餅、北菇滑雞最受歡迎。品嘗煲仔飯有一套順序，待陶鍋上桌後，先淋上店家自製豉油，靜置一會兒，再以湯匙拌開，就能嘗到有醬油香氣與香脆鍋巴的道地煲仔飯。此外，將牡蠣、蔥、蛋混合後，以滾油猛炸的煎蠔餅，也是興記的招牌菜。

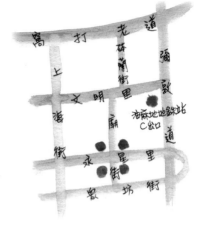

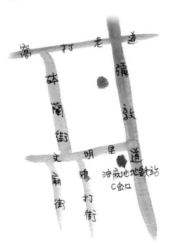

INFO
興記煲仔飯
地址：油麻地廟街 14、15、19、21 號；鴉打街 48 號
電話：2384 3647
時間：18:00 ~ 01:00
交通：地鐵油麻地站 C 出口，迴轉直走文明里，左轉入廟街
　　　即可見滿滿用餐人潮。

🍴 雙皮燉奶高手──港澳義順牛奶公司

義順在香港設有多間分店，必點招牌為甜品雙皮燉奶，雙皮是指表面自然凝結的一層薄薄奶皮，質地介於鮮奶布丁、蒸蛋與奶酪間，口感細緻滑順。店內也供應茶餐廳料理，多士、三文治、通粉、公仔麵料理同樣受好評。

INFO
港澳義順牛奶公司
地址：油麻地彌敦道 513 號
電話：2374 5460
時間：08:00 ~ 00:00
交通：地鐵油麻地站 C 出口，往北
　　　直走彌敦道，步行約 2 分鐘。

PART
1

PART
2

PART
3

PART
4

PART
5

PART
6

🍴 戀戀舊食情——美都餐室

　　開業超過半世紀的美都餐室，從菜色調味到
裝潢格局未曾改變，走進餐廳彷彿踏入時空膠囊，
二樓設有早年相當普遍的雅座，可由此俯瞰廟街景
致。餐室招牌為焗豬扒飯和紅豆蓮子冰，吸引鍾情
懷舊味道的遊客專程到此，體驗香港傳統風味。

INFO

美都餐室
地址：油麻地廟街 63 號
電話：2384 6402
時間：08:30 ～ 21:45
交通：地鐵油麻地站 C 出口，往南直走彌敦
　　　道（過永星里），右轉眾坊街即見。

(區域) 佐敦

(食) 光速滑蛋餐——澳洲牛奶公司

澳洲牛奶公司絕對是遊客必訪的食點兼景點，不僅餐點被評為茶餐廳正宗，飛快準確的服務更是一絕，從入座、上菜到買單一刻鐘搞定，典型來去如風的港式服務。澳牛憑藉神一般的半流心滑嫩炒蛋稱霸，即炒即食的炒蛋多士桌桌必點，冷蛋白燉鮮牛奶、冰凍奶水（煉乳奶茶）亦相當出色。

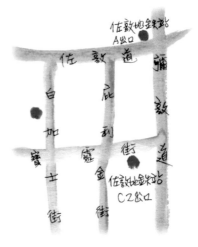

INFO

澳洲牛奶公司

地址：佐敦白加士街 47-49 號
電話：2730 1356
時間：07:30 ~ 23:00
交通：地鐵佐敦站 A 出口，往西直走佐敦道，
　　　左轉白加士街即見。

🍴 港式綿密好滋味——和味生滾粥

　　和味生滾粥為一間頗有年代的平實老店，專售經長時間熬煮的廣東粥，菜色樣式豐富，招牌料理如：四寶粥（魚腩、魚嘴、魚骨、魚卜，魚卜即魚鰾）、金牌及第粥、補腦魚雲粥（魚雲為魚頭內的半透明卵磷脂）、薑蔥鮮魚卜、爽脆鮮黑栢葉等。粥品口感綿密滑順、清甜鮮美，幾乎不見米粒，與粒粒分明的臺式鹹粥截然不同。

INFO

和味生滾粥

地址：佐敦吳松街 75 號
電話：2783 0935
時間：07:30 ～ 02:30
交通：地鐵佐敦站 A 出口，往西直走佐敦道
　　　（過白加士街），右轉吳松街，過南
　　　京街、寧波街即達。

區域 尖沙咀

玩 食尚文娛重鎮——尖沙咀

尖沙咀堪稱香港主要的娛樂文化、旅遊血拼、香港美食重點區域，區內不只有各具特色的購物商場，也聚集多座博物館與古蹟建築，諸如：玫瑰堂（漆咸道南 125 號）、清真寺（彌敦道、海防道叉口）、香港天文臺（彌敦道 134A 號）、前九廣鐵路鐘樓、星光大道、香港太空館、香港藝術館等。彌敦道兩側、港鐵站周邊林立數不清的大小商戶，樓高 29 層的大型零售商場 The One、集吃喝玩樂於一身的 iSQUARE 國際廣場（彌敦道 63-67 號，與北京道叉口）與美麗華商場（彌敦道 132 號，近金巴利道）、混合潮流時尚和藝術文創於一體的 K11、將古蹟與名品巧妙融合的 1881、全港規模最大的綜合商場海港城⋯⋯徹底滿足愛逛、愛買、愛嘗鮮的您！

不僅如此，尖沙咀兼具多元豐富的異國文化——南亞與非裔人士聚居的重慶大廈、素有「韓國街」稱號的金巴利街、標誌性的英式建築半島酒店，以及集中於諾士佛臺及亞士厘道的土耳其、義大利、俄羅斯等外國料理餐廳等。其中，重慶大廈與半島酒店堪稱港片、港劇的取景熱點，前者更是王家衛作品《重慶森林》的原型。

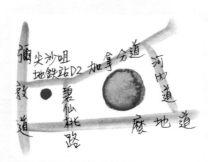

INFO

The One

地址：尖沙咀彌敦道 100 號（與加拿分道叉口）

電話：3106 3640

時間：10:00 ~ 23:00

交通：地鐵尖沙咀站 B1 出口，往北直走彌敦道即見。

簡介：全港最高的零售百貨 The One，內含：CHOCOOLATE、ANNA SUI、JOURNAL STANDARD、法國軍靴 Palladium 等逾 200 個品牌設櫃，品項由珠寶鐘錶、時尚潮牌到化妝護膚、超市精品，應有盡有。

K11

地址：尖沙咀河內道 18 號

電話：3118 8070

時間：10:00 ~ 23:00

交通：地鐵尖沙咀站 N4（經 G 出口）、D2 出口；巴士中間道站、麼地道站下車。

簡介：K11 號稱「全球首個購物藝術館」，處處是別出心裁的藝術設計與創意精品。商場引進多個風格獨特的時裝服飾、雜貨品牌，藉由與眾不同的裝飾與擺設，向消費者傳遞商品背後的創作理念。

INFO

1881

地址：尖沙咀廣東道 2 號 A

電話：2926 8000

時間：10:00 ~ 23:00

交通：地鐵尖東站 L6 出口；地鐵尖沙咀站 E 出口，
往南至梳士巴利道右轉，穿過漢口道、九龍
公園徑即達。

簡介：1881 前身為香港水警總部，是座超過百年
歷史的維多利亞時代建築，保有濃厚殖民
地色彩，吸引許多攝影愛好者駐足。在保
留兼活化古蹟的前提下，2003 年改建成多
功能商場，現有卡地亞、萬寶龍、勞力士、
Tiffany & Co.、伯爵錶等國際精品進駐。

海港城

地址：尖沙咀廣東道 3-27 號

電話：2118 8666

時間：10:00 ~ 23:00

交通：地鐵尖沙咀站 A1 出口，迴轉海防道步行約 5
分鐘；乘巴士至尖沙咀碼頭巴士總站，下車
即達；中環搭乘天星小輪往尖沙咀，下船即見。

簡介：海港城是全港占地最廣的購物中心，擁有超過
450 家商店，建築群北接中港城、南至尖沙咀天
星碼頭，廣東道一側匯聚 LOUIS VUITTON、
CHANEL、Gucci、PRADA、HERMÈS 等
諸多國際名牌，平價服飾 ZARA、Marks &
Spencer、UNIQLO 也都在此設旗艦店。商場雖
大，但樓層分區圖示明確，若迷路也可以國語
洽詢服務人員。

賞 火紅小熊餅乾——Jenny Bakery 珍妮小熊餅店

Jenny Bakery 因裝曲奇餅的鐵盒印有小熊圖案而被暱稱為小熊餅乾，是近年最火紅的伴手禮之一，其中牛油擠花曲奇質地酥鬆、非常獨特，排隊人潮終日不斷（由於購買者眾，必須儘早到店家指定處排隊領取號碼牌）。需留意的是，周圍常見聲稱可免排隊代購的舉牌推銷客，信度存疑，可能買貴還不定有假。

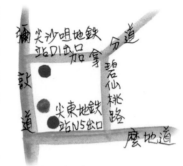

INFO

Jenny Bakery 珍妮小熊餅店

地址：尖沙咀彌敦道 54-64 號美麗都大廈地鋪
　　　24 室（尖沙咀店）
電話：2311 8070
時間：09:00 ～ 18:30
交通：尖沙咀地鐵站 D1 出口，往南直走彌敦道，不久可見
　　　美麗都大廈，店鋪位在商場 1 樓右側。
網址：www.jennybakery.com

食 肚餓歇腳首選——翠華餐廳

分店遍及港九的連鎖茶餐廳翠華，供應高水準的平價港式餐點，從主食粥麵粉、港式熱炒到奶茶鴛鴦都非常道地。筆者尤其推薦將豬仔包（短圓形法國麵包）塗抹奶油烘烤，再淋上煉乳的「脆嗶奶油豬」。

INFO

翠華餐廳

地址：尖沙咀加拿分道 2 號（尖沙咀店）
電話：2366 8250
時間：07:00 ～ 02:00（周五、周六延至
　　　03:00 關門）
交通：尖沙咀 D2 出口即見。

玩 完美 Ending——維港夜景

位居九龍與港島間的維多利亞港，擁有港闊水深的天然優勢，是香港躍升「東方之珠」的功臣。時至今日，不僅有多條海底隧道貫穿，海上交通也十分繁忙，密集穿梭的貨船郵輪、櫛比鱗次的摩天大廈，交織成一幅使人驚豔的都會風情。夜幕低垂、華燈初上，集華麗熱鬧、繽紛炫目於一體的維港夜景，是香港兩度入選「世界三大夜景」的絕招利器。

玩 尖沙咀地標——前九廣鐵路鐘樓

鐘樓建成於 1915 年，採紅磚與花崗岩材質，保留英國殖民時期的懷舊風貌之餘，也見證香港百年發展的變遷。

INFO

前九廣鐵路鐘樓
位置：尖沙咀天星小輪碼頭旁
交通：地鐵尖沙咀站 E 出口，至梳士巴利道
　　　右轉，自香港基督教青年會旁的人行
　　　地下道前往香港文化中心，往右步行
　　　至鐘樓；乘巴士至尖沙咀碼頭巴士總
　　　站，下車可見；或是於中環、灣仔搭
　　　天星小輪至尖沙咀，下船即達。

🎮 與偶像擊掌——星光大道

　　隸屬尖沙咀海濱花園的星光大道，是以香港電
影為主題的開放式景區，步道上可見百餘個明星、
導演、編劇的簽名手印，遊客可近距離與偶像擊掌。
此外，這裡也是欣賞維港夜景和「幻彩詠香江」的最
佳位置，後者於每晚 8 點開始，兩岸超過 40 棟摩天
大廈參與的燈光匯演秀，建築物配合極具節奏感的音
樂，閃爍照明與雷射燈光，展現香江的豔麗燦爛。

INFO

星光大道
位置：九龍尖沙咀海濱花園
交通：地鐵尖東站 J 出口，循指標前往，步行約 3 分鐘。

🍴 氣質貴婦 Tea Time──半島酒店大堂茶座

　　1928 年開幕的半島酒店，處處洋溢英式風情。酒店具有珍貴的歷史文化與建築價值，是香港現存歷史最悠久、最負盛名的六星級酒店。大理石桌、Tiffany & Co. 瓷器、現場樂隊……供應英式下午茶的大堂茶座，向來是極具人氣的優雅聚會首選，深受影視名流喜愛，因此有「影人茶座」美稱。

　　下午茶價格每人 300 港幣，擺放蛋糕、三明治等鹹甜點心的三層架美觀豐盛，餐點製作精美、濃郁可口。需留意的是，半島午茶向來熱門，例假日尤其洶湧，欲享受貴婦時光的小資女們最好提前預訂。穿著方面雖無嚴格規定，但太過休閒的裝扮與拖鞋仍不合宜。

INFO

半島酒店大堂茶座

地址：九龍尖沙咀彌敦道 19-21 號

電話：2920 2888

時間：周一至周日 07:00 ～ 00:00（供應早、午、晚餐的全日餐廳）

交通：地鐵尖沙咀站 L3 出口。

🍴 上海菜・新花樣──翡翠拉麵小籠包

翡翠是來自新加坡的連鎖上海菜館，改良傳統菜式作法，清爽減油更符合現代人胃口，年年入選米其林榜單。翡翠的菜色與鼎泰豐有幾分相似，唯多了炒年糕、鎮江排骨、花雕醉雞、毛豆雪菜百頁等熱炒，強調湯頭的清燉雞湯拉麵更是必點美味。

INFO

翡翠拉麵小籠包

地址：尖沙咀廣東道 17 號海港城港威商場 3 樓 3328 號鋪（尖沙咀店）

電話：2622 2699

時間：10:00 ～ 23:00

交通：地鐵尖沙咀站 A1 出口，迴轉海防道步行約 5 分鐘入海港城。

🍴 他鄉遇故知──甜蜜蜜新生咖啡店

甜蜜蜜新生咖啡店，是鄧麗君基金會與社福團體新生精神康復會合作成立的主題茶餐廳。主打餐點多以鄧麗君歌曲為發想，像是雪中情（有機豆腐起士蛋糕）、雪化妝（奶油栗子蛋糕杯）、月亮代表我的心（巧克力軟心蛋糕）等。店內無論裝潢擺設、菜單呈現都巧妙與鄧麗君結合，食物均有不錯水準，並供應來自小鄧故鄉的古坑咖啡。

INFO

甜蜜蜜新生咖啡店

地址：地鐵尖東站 35 號地鋪

電話：2723 6634

時間：11:30 ～ 21:30

交通：地鐵尖東站 K 出口左轉、J 出口右轉梳士巴利道，步行約 1 分鐘（巴士尖東站旁）；巴士往碼頭方向，至彌敦道底下車，往東走梳士巴利道即達。

🍴 四十年不變漢堡——丹麥餅店

1972 年開幕於銅鑼灣（該址已結束營業）的丹麥餅店，販售各種具香港特色的漢堡、熱狗、炸雞、薯條等西式快餐，其中以火山漢堡包（加入朝天椒的超辣口味）、豬扒包、漢堡包等漢堡系列與孖腸熱狗（長型麵包夾兩支熱狗）、炸雞脾（炸雞腿）最得老饕讚賞。丹麥餅店目前在尖沙咀與中環

（帖行里 6 號，近德輔道中、祖庇利街叉口）設有據點，從菜單設計、點餐方式、服務態度到陳設裝潢、用餐氣氛，都蘊含港人懷念的兒時記憶。

INFO

丹麥餅店

地址：尖沙咀厚福街 7 號 A‧C 鋪（尖沙咀店）
電話：2722 1133
時間：08:30 ~ 21:00（周六、周日延至 11:30 開門）
交通：地鐵尖沙咀站 B2 出口，往東直走金馬倫道，
　　　過加拿分道，左轉厚福街即見。

3

環環的花樣年華

位於香港島西北側的上環、中環與半山，隸屬香港行政區劃的中西區，前兩者是香港最重要的商業重鎮，跨國企業、世界名品、頂級酒店、豪華商場等爭相進駐，而鼎鼎大名的半山，則是名人富豪不惜一坪千金的高級住宅區。有別於油麻地、尖沙咀、旺角活潑明快的庶民生活，此地盡是流暢明確的白領風格，散發截然不同的都會風貌。可貴的是，在飛速躍進的快步中，這裡仍保有許多舊時的氣息與食物，讓遊客在追逐摩登時尚的同時，也能細品昔日的花樣年華。

  交通方式

START → 地鐵「上環站 E2」出口，步行約 6 分鐘；電車「（西行）74W 機利文街站、（東行）23E 機利文街站」，步行約 2 分鐘→ ❶ **勝香園**→步行約 3 分鐘→ ❷ **泰昌餅家**→ ❸ **結志街、嘉咸街露天街市**→步行約 6 分鐘→ ❹ **檸檬王**→步行約 6 分鐘→ ❺ **陸羽茶室**→步行約 2 分鐘→ ❻ **Marks & Spencer**→步行約 1 分鐘→ ❼ **A&F**→步行約 2 分鐘→ ❽ **置地廣場**→步行約 3 分鐘→ ❾ **星巴克冰室、都爹利街石階及煤氣路燈**→步行約 8 分鐘→ ❿ **山頂纜車花園道總站**→山頂纜車「花園道總站→山頂總站」→ ⓫ **太平山頂、麥奀雲吞麵世家**→步行約 1 分鐘→山頂公共運輸總站→巴士 15「山頂總站→中環 5 號碼頭」35 分鐘→步行約 5 分鐘→ ⓬ **中環 7 號天星碼頭**→天星小輪「中環→尖沙咀」10 分鐘（維港夜景）→尖沙咀天星碼頭→步行約 1 分鐘至巴士「尖沙咀碼頭站」；步行約 7 分鐘至地鐵「尖沙咀站」→旅館

日 程	活動區域	行程關鍵字	頁 碼
早餐	中環	【孖腸熱狗】永樂園餐廳（周日休）	87
		【逛街】德輔道中、皇后大道中	-
		【伴手禮】檸檬王（周日休）	82
午餐		【頂級粵菜】龍景軒	87
		【購物】香港國際金融中心商場	79
點心		【名牌甜點】文華餅店	88
		【景點】中環至半山自動扶梯	74
		【文創】PMQ 元創方	89
晚餐		【絲襪奶茶】蘭芳園（周日休）	75
點心		【肥彭蛋撻】泰昌餅家	75
		【主題街道】蘭桂坊	81
		【觀光巴士】H2 動感之旅（夜景）	91

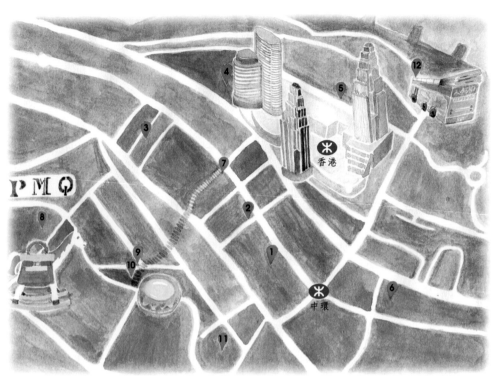

 **交通方式**

START → 地鐵「中環站 C」出口，步行約 3 分鐘；電車「（西行）70W 畢打街站、（東行）27E 畢打街站」，步行約 1 分鐘→ ❶ **永樂園餐廳**→ ❷ **德輔道中**→ ❸ **檸檬王**→步行約 10 分鐘→ ❹ **龍景軒（四季酒店）**→步行約 2 分鐘→ ❺ **香港國際金融中心商場**→步行約 10 分鐘→ ❻ **文華餅店**→步行約 10 分鐘→ ❼ **中環至半山自動扶梯「德輔道中」起點**→乘電梯 15 分鐘→士丹頓街口→下天橋、向右步行約 3 分鐘→ ❽ **PMQ 元創方**→步行約 5 分鐘→ ❾ **蘭芳園**→步行約 30 秒鐘→ ❿ **泰昌餅家**→步行約 5 分鐘→ ⓫ **蘭桂坊**→步行約 15 分鐘→中環 7 號天星碼頭前巴士站→ ⓬ **巴士「人力車觀光巴士 H2 動感之旅」**（港島市區夜景）→中環 7 號天星碼頭→步行約 7 分鐘至地鐵「中環站」；步行約 2 分鐘至巴士「中環碼頭巴士總站（5 號碼頭）」→旅館

景點導覽：
上環 × 中環 × 太平山頂

區域 上環

食 茶樓活化石──蓮香居

　　蓮香居與老店蓮香樓系出同門，兩者自裝潢、風格到菜式皆近似，唯新開幕的蓮香居面積較大、服務周到，用餐環境相對舒適。蓮香居供應傳統經典粵菜料理，古法霸王鴨、金錢雞、豬潤燒賣及馬拉糕等，店家延續港式飲茶文化，保留點心推車形式，用餐彷彿置身昔日香港。

玩 殖民的記憶──西港城

　　落成於 1906 年的西港城（又稱舊上環街市）為香港法定古蹟，百年來是周邊市民經常光顧的市集，90 年代翻修為結合老字號傳統布莊、古玩店、手工藝品與餐廳、懷舊酒樓的複合式商場。西港城屬於愛德華古典建築風格，外牆使用紅磚和花崗岩材質，富含英國殖民色彩，洋溢舊時異國情調。

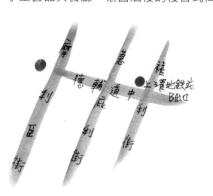

INFO

蓮香居

地址：上環德輔道西 46-50 號 2-3 樓
電話：2156 9328
時間：06:00 ～ 23:00
交通：地鐵西營盤站 A2 出口，步行
　　　約 1 分鐘；電車 82W 修打蘭
　　　街站。

INFO

西港城

地址：上環德輔道中 323 號
電話：6029 2675
時間：10:00 ～ 00:00
交通：地鐵上環站 B 出口，往西直
　　　走德輔道中，過摩利臣街；
　　　電車上環（西港城）總站。

🍴 甜蛋古早味——源記甜品專家

　　專售傳統港式甜點的源記甜品專家，不僅裝潢固守舊式純樸風格，處理食材亦循古法以石磨研製，自然懷舊、別無分號。源記以核桃露、杏仁露、桑寄生茶（具補肝腎、強筋骨、祛風溼等療效，味苦而回甘，類似仙草茶）馳名，每款糖水都可添加蓮子和雞蛋，具有暖胃甜心的滋養食補功效。桑寄生雞蛋茶、蓮子雞蛋核桃露、雞蛋芝麻糊、全蛋雞蛋糕等均為老字號經典，綿密滑順、清爽回甘，體現港人溫潤滋補的養生概念。

INFO

源記甜品專家

地址：西環正街 32 號
電話：2548 8687
時間：12:00 ～ 23:30
交通：地鐵西營盤站 B1 出口，往北直走正街，步行約 1 分鐘；電車
　　　84W 東邊街站，往西直走德輔道西，左轉正街，步行約 1 分鐘。

INFO

海味參茸燕窩街

位置：上環德輔道西、永樂街、高陞街、文咸西街

交通：地鐵上環站 A1 出口往西、西營盤站 A1 或 A2 出口
　　　往東；電車（東行）21E 禧利街站、17E 皇后街站、
　　　上環（西港城）總站、（西行）82W 修打蘭街站。

🛒 揪團買乾貨——海味參茸燕窩街

上環的德輔道西（海味街）、永樂街（參茸燕窩街）、高陞街（中藥街）與文咸西街一帶是香港最大的海味乾貨集散地，聚集

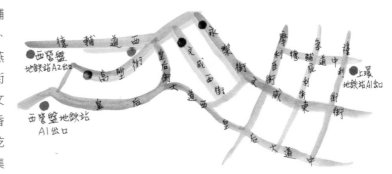

許多經營數十甚至百年的南北貨行與中藥材鋪。開眼界之餘，有意選購者建議光顧經香港優質旅遊服務計畫認可的誠信店家，挑選時務必問清楚秤重單位與計價方式，以避免糾紛。

🛒 老茶友的壓箱寶——巋陽茶行

香港巋陽茶行出品的茶葉曾在臺灣風行一時，至今仍有不少前輩茶友將其視為夢幻逸品。巋陽茶行的極品鐵觀音、老欉水仙、天井岩真欉水仙等很受好評，茶色清澈、餘韻回甘、順口甜喉，鐵盒包裝頗有古風，送禮自品兩相宜。

INFO

巍陽茶行

地址：上環文咸東街 70 號
電話：2544 0025
時間：09:00 ～ 17:30
交通：地鐵上環站 A2 出口，往南直走禧利街，右
　　　轉文咸東街（過急庇利街），不久可見；電
　　　車（東行）21E 禧利街站，過馬路、往南直
　　　走禧利街，後續如前。

玩 古玩發燒友天堂──古董街

　　摩羅上街、樂古道與荷李
活道群聚多間販售古董二手貨
與中國風紀念品的店鋪，品項
從老電影海報、舊月曆雜誌到
古董瓷器、玉鐲擺飾、絲綢製
品、民族風飾品等包羅萬象，
雖然挖到真寶的機率不高，卻
是值得一遊的特色景點。「貓
街」是摩羅上街的另一個暱
稱，並非真有貓咪出沒，而是
因為這裡自香港開埠以來就常
見來路不明的「老鼠貨」至此
銷贓，尋貨的內行人被喚作
「貓」，貓街之名便不脛而走。

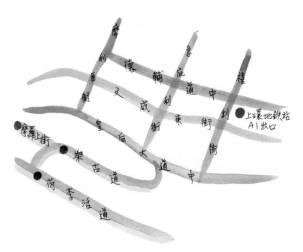

INFO

古董街

位置：上環摩羅上街、樂古道、荷李活道
時間：10:00 ～ 17:00
交通：地鐵上環站 A1 出口，往西直走德輔道中，
　　　左轉急庇利街，右轉永樂街，左轉摩利臣街
　　　（過皇后大道中），不久可見樂古道和與其
　　　相連的摩羅上街，整趟需步行約 10 分鐘。

PART
1

PART
2

PART
3

PART

PART

PART
6

區域 中環

玩 漫遊中環精華——中環至半山自動扶梯

連結中環至半山住宅區的自動手扶梯，是全球最長的戶外有蓋行人扶手電梯，由23座手扶梯組合而成，全長800公尺、垂直高度135公尺，搭乘一趟需時約20分鐘。系統以中環街市為起點，凌空經過德輔道中、皇后大道中、士丹利街、威靈頓街、結志街、擺花街、荷李活道、士丹頓街、太子臺、摩羅廟街、羅便臣道、干德道等道路，行經荷李活道購物區、美食匯萃的 SoHo 荷南美食區（指荷李活道以南、士丹頓街、伊利近街一帶酒吧、餐廳林立的蘇豪區，除了美式西餐與歐陸菜館，也有尼泊爾、西班牙、地中海、北非等異國料理）、傳統街市與大牌檔林立的結志街等景點。搭乘半山扶梯，不只免去爬坡的辛苦，還可凌空眺望港島街頭的萬千風情，欣賞依山而建的城市風貌。

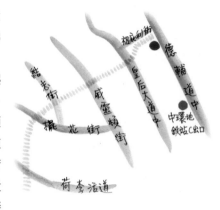

INFO

中環至半山自動扶梯

時間：扶梯系統為單向運行，隨時間轉換營
運方向，下行 06:00 ～ 10:00、上行
10:20 ～ 12:00。
交通：地鐵中環站 B2、C 出口，往西直走德
輔道中至恆生銀行總行，乘電梯處對
面為中環街市；電車（西行）72W 砵
甸乍街站、（東行）25E 祖庇利街站，
下車後分別往東、往西步行即達。

🍴 末代港督最愛——泰昌餅家

販售港式酥餅糕點馳名的泰昌餅家，因為末代港督彭定康的光顧而名氣陡升，除了肥彭最愛的牛油皮蛋撻，雞批（內餡為雞肉、火腿、青豆的鹹甜酥餅）、叉燒批、皮蛋酥、老婆餅、沙翁（將雞蛋、油與麵粉混合的麵團油炸後撒上糖粉，類似裹糖粉的炸雙胞胎）也很受歡迎。

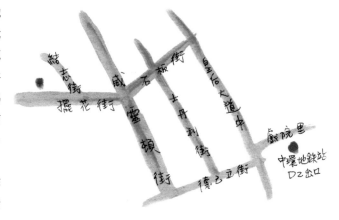

泰昌餅家在港有多間分店，以中環擺花街的老店人氣最旺，慕名而來的遊客不顧形象在路旁大啖蛋撻，爭相體驗這份讓港督讚嘆的小確幸。

INFO

泰昌餅家
地址：中環擺花街 35 號（老店）
電話：2544 3475
時間：07:30 ~ 21:00
交通：地鐵中環站 D2 出口，右轉遇戲院里左轉（過皇后大道中），進入德己立街、穿過士丹利街，右轉威靈頓街，遇岔路靠左走擺花街（右為威靈頓街），過結志街叉口（右側為蘭芳園）可見；乘中環至半山自動扶梯至結志街、擺花街叉口，往下可見蘭芳園招牌，下天橋後朝上坡（擺花街）走即達。

🍴 絲襪奶茶始祖——蘭芳園

名聲響亮的絲襪奶茶，源自蘭芳園創始人林木河的靈機一動——以棉襖內袋縫製茶葉濾套，熱茶倒入時就可除去茶渣，使茶水飲來清澈順口，經過幾度改良，演變為今日套在圓形金屬框架內的過濾套。由於尼龍網和絲襪材質相近，經茶色浸潤後染成咖啡色，故暱稱絲襪奶茶。蘭芳園的奶茶使用斯里蘭卡茶搭配馬來西亞植物奶，口感濃郁滑順、甜度高、含茶澀味，可謂 espresso 版奶茶，其餘「扒」類鹹點多使用醬油調味，中

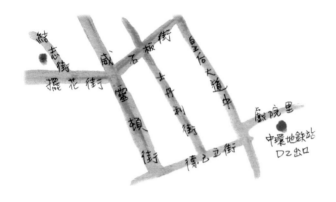

西合璧、現點現做，外型迷你的金牌豬扒包尤其熱門。作為港式經典飲品絲襪奶茶和鴛鴦（奶茶咖啡）的祖師爺，老店常擠滿朝聖人潮，門面刻意保留大牌檔的鐵皮檔口設計，從菜式呈現、陳設裝潢到服務人員，處處可見茶餐廳的舊時風采。

INFO

蘭芳園

地址：中環結志街 2 號（老店）、4A-6 號（新店）
電話：2544 3895
時間：07:00 ~ 18:00（老店，周日休）、08:00 ~ 20:00（新店）
交通：地鐵中環站 D2 出口，右轉遇戲院里左轉（過皇后大道中），進入德己立街，再穿過士丹利街，
　　　見威靈頓街右轉，沿上坡路步行約 7 分鐘，遇擺花街、結志街岔路，右轉結志街即到；乘中
　　　環至半山自動扶手電梯，至擺花街、結志街路口，往下可見蘭芳園招牌。

玩 結志街、嘉咸街露天街市

結志街及其垂直交錯的嘉咸街為中環街市的核心區域，後者更是香港最古老的露天市集。道路沿途兩側可見綿延百餘公尺的小型攤商，生猛海鮮、糧油雜貨、雞鴨魚肉、瓜果蔬菜、餐館小吃……種類包羅萬象，保留港人生活面貌中家居平實的部分。

食 富豪飯堂——鏞記酒家

憑藉招牌菜「金牌燒鵝」稱霸香港的鏞記，是以粵菜為主的高檔餐廳，常吸引政商名流前來享用，因此有「富豪飯堂」的美名。為服務無法點大菜的散客，鏞記順勢推出單人套餐，經典料理、飯湯甜點一應俱全。店內享用之餘，也提供外帶服務，燒臘拼飯、雲吞粥品選擇多樣，更重要的是訂價在百元港幣以下，

物超所值、高貴不貴。食物方面，除了肉嫩皮脆的燒鵝堪稱一絕，香酥滑口的化皮乳豬同樣驚為天人，皆屬錯過可惜的神級美味。需留意的是，店家雖推出便於攜帶的真空包「飛天燒鵝」，唯礙於臺灣「禁止肉類食品進關」規定，仍屬違禁品，未免遭丟棄與觸犯法令，建議裝滿肚囊就好，切莫以「鵝」試法。

INFO

鏞記酒家

地址：中環威靈頓街 32-40 號
電話：2522 1624
時間：11:00 ~ 23:30
交通：地鐵中環站 D2 出口，右轉遇戲院里左
　　　轉（過皇后大道中），進入德己立街（過
　　　士丹利街），右轉威靈頓街。

🎁 英倫典雅風——Marks & Spencer

　　Marks & Spencer 馬莎源自英國，為統合服飾配件、貼身衣物、食品寢具、衛浴用品等半自助式百貨，目前在港設有十餘間分店。馬莎的設計風格偏重優雅內斂、衣料材質佳，尤以尺碼齊全（8 ~ 22 號）著稱。儘管最初以平價消費為賣點，卻有訂價逐年上升的趨勢，當季服飾約 500 港幣起跳，毛衣、外套動輒上千，常不定期推出特定商品折扣或折價券活動，詳情可洽詢服務人員。

INFO

Marks & Spencer

地址：中環皇后大道中 22-28 號中匯大廈（中環旗艦店）
電話：2921 8323
時間：10:00 ～ 21:30（周日 10:30 ～ 21:00）
交通：地鐵中環站 G 出口，往西直走畢打街，店鋪位在
　　　畢打街與皇后大道中的 T 字路口。

潮男必 Buy——A&F

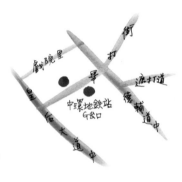

　　Abercrombie & Fitch（簡稱 A&F）是源於美國的休閒潮牌服飾，訴求對象為 18 ～ 22 歲的年輕族群，在港僅有一間旗艦店。A&F 採取非常高調且極具辨識度的宣傳手法，不避諱對客人身材（不提供女性大尺碼）與外型（強調帥氣與魅力）的要求，種種獨樹一格的理念，從店內裸露上身肌肉的男模店員、夜店風格強烈的裝潢陳設就可窺知一二。儘管行事另類，卻無損粉絲對 A&F 的支持，即使不是該品牌的愛好者，也值得造訪探險。

INFO

A&F

地址：中環畢打街 12 號畢打行（中環旗艦店）
電話：8009 62761
時間：11:00 ～ 21:00
交通：地鐵中環站 G 出口，往西直走畢打街，店鋪位在右側。

頂級名品薈萃──置地廣場

　　置地廣場（Landmark）位於中環核心區，大廳採玻璃帷幕製成的菱格狀天花板，日光咖啡廳為流線型的座位包廂設計，營造低調奢華的頂級氛圍。商場的優越條件吸引 LOUIS VUITTON、Dior、Gucci、FENDI、Harvey Nichols 等國際名品設櫃，同步展示當季商品，與歐洲時尚潮流無縫接軌。其中，面向畢打街、採半透明設計的 LOUIS VUITTON 旗艦店，更為全球四大 LOUIS VUITTON 專門店之一。

INFO

置地廣場

地址：中環畢打街 11 號
電話：2921 2199
時間：09:30 ～ 19:00
交通：地鐵中環站 G 出口。

一「場」搞定──香港國際金融中心商場

　　地處中環的香港國際金融中心商場（IFC），集商辦娛樂功能於一體，吃喝玩買一次滿足，不僅內含超過 200 間的中高檔次至頂級品牌商鋪，更有世界級的四季酒店與全港唯一的蘋果旗艦店進駐。值得一提的是，四季酒店匯集兩間米其林三星餐館──粵菜餐廳龍景軒（香港唯一獲得三星評價的中餐館）、法國餐廳 Caprice，兩者至少須提前 1 個月預訂，還有米其林推薦的翡翠拉麵小籠包、銀座梅林、利苑酒家等也都在 IFC 插旗。

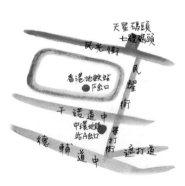

　　前往 IFC，無論乘車、搭船或步行都非常便利。商場直接與機場快綫香港站、地鐵中環站連結，也有通往置地商場、港澳碼頭與中環至半山自動扶梯等周邊區域的人行天橋，金融中心當之無愧。

INFO

香港國際金融中心商場

地址：香港島中環金融街 8 號
電話：2295 3308
時間：10:00 ～ 22:00
交通：地鐵中環站 A 出口，循指標前往；機場
　　　快綫香港站 F 出口；中環 7 號天星碼頭，
　　　經行人天橋直行，步行約 6 分鐘，右側
　　　可見蘋果旗艦店。

🍲 最強牛腩王——九記牛腩

　　開業近 90 年的九記，憑藉過人的牛腩料理成為香港清湯牛腩、咖哩牛腩的代名詞，不僅觀光客趨之若鶩，亦廣受在地人支持。九記的金牌上湯非常講究，依據季節調配中藥材燉煮熬製，入喉甘甜香醇，牛腩量多鮮嫩、肥瘦比例恰到好處。需留意的是，店家的招牌料理上湯牛爽腩，僅於下午 4 點左右限量供應。其餘如淨咖哩牛筋腩、蠔油牛腩撈伊麵、飲品凍鮮檸檬茶、凍香滑鴛鴦、咸柑桔蜜，都極富水準。品嘗鮮甜牛腩的同時，周邊也有多間具設計概念的特色店家，飽餐後不妨走走瞧瞧。

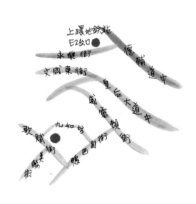

INFO

九記牛腩

地址：中環歌賦街 21 號（對面為勝香園）
電話：2850 5967
時間：12:30 ～ 22:30（19:15 ～ 20:30 休息，周日休）
交通：地鐵上環站 E2 出口，向東直走永樂街，往南行
　　　見威靈頓街左轉，（見「蓮香樓」招牌）右轉鴨
　　　巴甸街（過九如坊），右轉歌賦街。

🍴 老茶鋪傳承消暑味——公利真料竹蔗水

　　公利是擁有超過一甲子歷史的舊式涼茶鋪，位於熙來攘往的荷李活道，雖然門面樸素陽春、也沒有冷氣，卻憑著真材實料的涼茶馳名全港，影星周潤發、周慧敏都是熟客。鎮店之寶「竹蔗汁」講究先蒸後榨，成品色澤黃中帶綠，蔗香撲鼻、清甜潤喉。另一項名物「竹蔗糕」外表晶瑩剔透，口感帶有獨特韌性，同樣是訪客必嘗的美味。

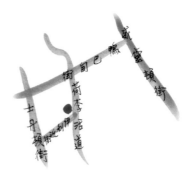

INFO

公利真料竹蔗水

地址：中環荷李活道 60 號
電話：2544 3571
時間：11:00 ~ 23:00
交通：地鐵中環站 D2 出口，右轉遇戲院里左轉（過皇后大道中），進入德己立街（過士丹利街），右轉威靈頓街，遇岔路靠左走擺花街（右為威靈頓街），往上坡走，右轉荷李活道（過卑利街），不久可見，約需步行 12 分鐘；乘中環至半山自動扶梯至結志街、擺花街叉口，往下可見蘭芳園招牌，下天橋後朝上坡（擺花街）走，之後路線同前。

🎮 摩登享樂園——蘭桂坊

　　結束一天繁忙，不少上班族選擇到酒吧、餐館聚集的蘭桂坊輕鬆片刻，客層以白領雅痞、外籍人士為主，是時尚品味、異國佳餚的摩登據點。狹義的蘭桂坊，是指一條同名的 L 形上坡小徑，如今所指的廣義版則涵蓋德己立街、威靈頓街、雲咸街、和安里、仁壽里等街道構築的中高檔消費區。

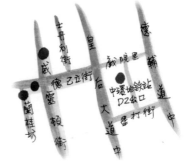

　　蘭桂坊地處中環核心地帶，交通便利、商業鼎盛，加上蓬勃發展的餐飲業與熱鬧繽紛的夜生活，吸引大批人潮前來休憩朝聖，每逢萬聖節、聖誕節、跨年等西洋節日更會舉行封街狂歡嘉年華活動。為緩解晚間交通壅塞的困擾，周邊於平日晚間 8 點至早晨 6 點、周末假日晚間 7 點至早晨 4 點劃為行人專用道，禁止機動車輛駛入。

INFO

蘭桂坊

位置：中環蘭桂坊、德己立街、威靈頓街等
交通：地鐵中環站 D2 出口，右轉遇戲院里
　　　左轉（過皇后大道中），進入德己立
　　　街，步行約 5 分鐘。

🏆 古法炮製老滋味——檸檬王

　　在永吉街擺攤超過 40 年的檸檬王，保留古早鐵皮
車攤檔，販售循古法炮製的甘草檸檬、薄荷檸檬、冬
薑、話梅等港式蜜餞，雖然打著類似名號的店家不少，
但檸檬王本身別無分號。招牌商品甘草檸檬，採用泰
國檸檬去皮壓扁，以鹽醃 90 日才告完成，檸檬乾 Q 韌
富果香、酸甜中帶有微澀感。每袋甘草檸檬會附上祕
製甘草粉，一同入口，增添美味之餘，也有清熱解毒、
止咳化痰的功效。

INFO

檸檬王

地址：中環永吉街 FP-20 號鐵皮車攤檔
電話：9252 2658
時間：10:00 ~ 17:00（周日休）
交通：上環地鐵站 E1 出口，往東直走德輔道中，遇永吉
　　　街右轉；電車（西行）74W 機利文街站下車後西
　　　行、（東行）23E 機利文街下車後西行。

玩 維港新地標——香港中環摩天輪

2014 年底正式對外開放的香港中環摩天輪，座落中環 9 號碼頭對面，高 60 公尺（約 20 層樓），掛載 42 個車廂，單個車廂可搭乘 8 人，車廂內有空調設備，每趟搭乘需時 15 ～ 20 分鐘。摩天輪由荷商 Swiss AEX 斥資 2 億港幣針對香港氣候量身打造，足以抵禦十號風球（香港最高級熱帶氣旋，陣風超過每小時 220 公里）侵襲。有別於星光大道的仰望、太平山頂的俯視，中環摩天輪提供另一種欣賞維港美景的角度，是最受關注的港島新地標。

INFO

香港中環摩天輪

位置：中環 9 號碼頭對面空地
時間：11:00 ～ 23:00（三號風球或以上、紅雨、黑雨警報期間停駛）
票價：成人 100 港幣、小孩 70 港幣
交通：地鐵中環站 J3 出口，左轉美利道，上行人天橋穿過諾干道中，往北直行愛丁堡廣場，左轉龍和道，靠右走耀星街。

食 碩果僅存大牌檔——勝香園

舊式鐵皮牌檔格局的傳統港式食肆已十分罕見，隱身水泥叢林的茶餐廳勝香園，就是碩果僅存的老字號。儘管餐點品項令人眼花撩亂，但只要選擇番茄（義大利去皮番茄罐頭＋新鮮番茄烹調的湯底）的搭配便不會錯，其中番茄鮮牛肉蛋公仔麵就是備受推崇

的網友首選。菜名俏皮、擺盤可愛（似米老鼠）的「檸檬脆脆」，則為簡單美味的麵包小點，店家將麵包烤得外脆內軟，再塗上一層檸檬蜂蜜醬，甜而不膩、清新可口。

勝香園洋溢懷舊氣息，是不少港產影視作品的取景名勝，當地人也愛來此尋找集體回憶。需留意的是，店鋪的排隊人龍終年不斷，用餐時間需有久候的心理準備，雖然寫明下午 5 點半關門，仍建議提早前往。

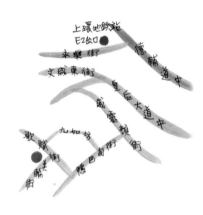

INFO

勝香園

地址：中環美輪街 2 號牌檔（對面為九記牛腩）
電話：2544 8368
時間：08:00 ～ 17:30（周日休）
交通：地鐵上環站 E2 出口，向東直走永樂街，往南行見威靈頓街左轉，（見「蓮香樓」招牌）右轉鴨巴甸街（過九如坊），右轉歌賦街，不久可見。

🍴 幽雅老港味——陸羽茶室

開業於 1933 年的陸羽茶室，1976 年搬至士丹利街，供應道地廣式飲茶與粵菜，現址建築共有三層，1 樓只留給熟客，一般客人則上 2、3 樓。茶室內部裝修頗為講究，櫃檯、屏風、吊扇、花瓶等陳設古色古香，家具多為酸枝花梨材質，牆面更掛有不少名人墨客惠賜的字畫墨寶。陸羽保留舊時飲茶文化，對茶葉的出身與品質格外講究，茶點則由服務生端著推銷叫賣，儘管價位偏高，但氣氛、食物皆屬獨到，可謂物有所值。眾菜色中，釀豬潤燒賣（豬潤即豬肝）、脆皮糯米雞、生炒排骨、蝦多士為必點招牌。

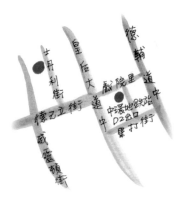

INFO

陸羽茶室

地址：中環士丹利街 24-26 號

電話：2523 5464

時間：07:00 ～ 21:00

交通：地鐵中環站 D2 出口，右轉遇戲院里左轉（過皇后大道中），進入德己立街，右轉士丹利街，步行約 1 分鐘即達。

🍴 **復刻舊時光——星巴克冰室**

位在都爹利街的星巴克冰室，是全球唯一以香港老冰室為主題的星巴克分店。店內從手寫餐牌、手繪廣告到四方桌凳，處處可見復刻用心，置身其中彷彿踏進時光隧道。冰室除了販賣星巴克固定餐點，也供應菠蘿油、蛋撻等茶餐廳食物。冰室旁為法定古蹟——都爹利街石階及煤氣路燈，石階建成於 19 世紀末，使用花崗岩材質，保有四盞香港僅存的煤氣街燈，傍晚 6 點準時亮起，為小徑增添迷人氣息。不少影視作品看中都爹利街帶有英式古典風情的幽雅寧靜，紛紛到此拍攝愛情戲，堪稱全港最浪漫的求婚熱點。

INFO

星巴克冰室

地址：中環都爹利街 13 號樂成行地庫中層

電話：2523 5685

時間：07:00 ～ 21:00（周五、周六至 22:00、周日 09:00 ～ 20:00）

交通：地鐵中環站 D1 出口，右轉畢打街，左轉皇后大道中，右轉都爹利街至底。

玩 漫遊維港古與今——天星小輪

　　1898 年投入營運的天星小輪，初期肩負溝通九龍、港島的重要任務，隨著貫穿維港的海底隧道與港鐵開通，逐漸轉型為具觀光性質的短程交通船，更憑藉著獨特的魅力榮登「全球十大最精采渡輪遊」首位。除了往來於尖沙咀與中環、灣仔碼頭的航班，也推出航程 60 分鐘的「天星維港遊」，讓遊客得以細品香港融合傳統與西方、摩登與懷舊的多元魅力。

INFO

尖沙咀天星碼頭 ⟷ 中環 7 號天星碼頭

經營：天星小輪
時間：06:30 ~ 23:30、6 ~ 12 分鐘一班、航程 9 分鐘
票價：上層 2.5 港幣、下層 2 港幣 (假日上層 3.4 港幣、下層 2.8 港幣)
網址：www.starferry.com.hk

尖沙咀天星碼頭 ⟷ 灣仔碼頭

經營：天星小輪
時間：07:30 ~ 22:50、8 ~ 20 分鐘一班、航程 8 分鐘
票價：2.5 港幣 (假日 3.4 港幣)

🍴 熱狗王──永樂園餐廳

　　自詡「熱狗王」的永樂園，以販售傳統港式熱狗走紅多年。其中，夾著兩條熱狗的「孖腸熱狗」最受歡迎，外脆內軟的麵包與Q彈多汁的熱狗組合後，再淋上酸甜夠勁的醬料，堪稱最佳即食美味。此外，永樂園的冰凍紅豆奶茶與香濃羅宋湯真材實料，同樣獲得網友好評。

INFO

永樂園餐廳
地址：中環昭隆街 19 號
電話：2522 0965
時間：07:30 ～ 19:30（周日休）
交通：地鐵中環站 C 出口，左轉德輔道中，左轉昭隆街
　　　（巷口為盤谷銀行）。

🍴 傳說中的三星級──龍景軒

　　「出類拔萃的菜餚，值得專程到訪。」龍景軒作為唯一榮登「米其林指南」三星殊榮的粵菜餐廳，絕對值得費時細品。龍景軒大宴小酌皆宜，招牌菜如鮑魚雞粒酥、龍景軒炒飯、龍太子蒸餃、松露燒賣皇、龍蝦腸粉、龍帶玉梨香均十分出色。餐廳不僅提供精心雕琢的美味菜式，更有寬闊豐盛的維港全景佐餐，加上貼心得體的服務態度，成就令人難忘的美好用餐經驗。價位方面，午餐人均消費約 500 港幣、晚餐約 1,300 港幣。需留意的是，餐廳採預約制，建議提早一個月以上致電預訂，以免向隅。

INFO

龍景軒

地址：中環金融街 8 號四季酒店 4 樓

電話：3196 8880

時間：12:00 ～ 14:30、18:00 ～ 22:30

交通：地鐵中環站 A 出口，循指標前往香港國
際金融中心商場，入商場後，再循指標
至四季酒店。

🍴 糕點界的卡地亞——文華餅店

　　位於東方文華酒店內的文華餅店，專門販售各式蛋糕麵包類的甜點，主廚 Yves Matthey 不僅重視糕點品質亦強調裝飾美感，置於設計師 Alan Chan 量身打造的玻璃櫃內，宛如精緻的藝術品。餅店的螺絲朱古力、藍莓美式芝士蛋糕和法式劇場蛋糕朱古力都很受好評；特製朱古力熱飲濃純美味；運用於東方文華下午茶的玫瑰花瓣果醬採用祕方特製，被多位世界級美食家評為「世界最好吃的果醬」，是饕客必 buy 的熱門伴手禮。

INFO

文華餅店

地址：中環干諾道中 5 號香港文華東方酒店閣樓

電話：2825 4008

時間：08:00 ～ 20:00（假日提早至 19:00）

交通：地鐵中環站 E 出口，往東直走遮打道，過雪廠街即見。

玩 老古蹟·新文創——PMQ 元創方

　　2014 年 6 月開幕的香港文創園區 PMQ 元創方，是將歷史古蹟活化重生的典範之作——開創新局之餘，仍妥善保留舊時氛圍與遺跡。這裡原是香港已婚警察宿舍，港府接手管理後，積極招募香港本地設計師進駐，計畫在培育人才、激發創意的同時，也讓民眾看到更特別新奇的文創點子。PMQ 的店家產品包羅萬象，令人目不暇給、愛不釋手，絕對能滿足您「衣服不撞衫、飾品不俗套」的獨特渴望。

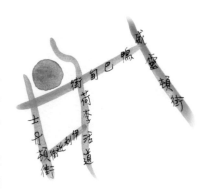

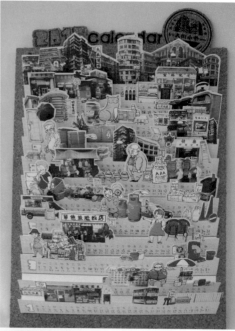

INFO

PMQ 元創方

地址：中環鴨巴甸街 35 號

時間：07:00 ～ 23:00

交通：搭乘中環至半山自動扶梯（地鐵中環
　　　站 B2、C 出口，往西直走德輔道中
　　　至中環街市搭乘），遇士丹頓街時下
　　　天橋往右直走，右轉鴨巴甸街即見。

網址：www.pmq.org.hk

港島輕旅行──人力車觀光巴士

　　人力車觀光巴士是以中式人力車造型設計的敞篷雙層巴士，行駛於上環、中環、灣仔、銅鑼灣等精華區。觀光巴士目前有「H1 懷舊之旅」與「H2 動感之旅」兩條路線，前者行駛於歷史文化景點、體驗過往風華與殖民地色彩；後者穿梭在各旅遊熱點間，享受目眩神迷的都市繁華。巴士總共行經 18 個香港法定古蹟與 11 個一級歷史建築，總站位於中環 7 號天星碼頭前，全日票 50 港幣，沿途可自由搭乘兩條路線。

INFO

人力車觀光巴士

票價：全日 50 港幣、單程 8.7 港幣
網址：www.rickshawbus.com

路線：H1 懷舊之旅

時間：10:00 ～ 17:30、30 分鐘一班、每趟 50 分鐘
路線：中環 7 號天星碼頭→中環交易廣場巴士總站（轉車往赤柱、太平山頂）→西港城、港澳碼頭
　　　→參茸燕窩街、皇后街→文武廟、摩羅街、荷李活道→舊中區警署、蘇豪區、藝穗會→孫
　　　中山紀念館→香港醫學博物館、西摩道→高街前精神病院、東邊街→香港大學→西區警署、
　　　正街→海味街、威利麻街→港澳碼頭、西港城→中環 7 號天星碼頭

路線：H2 動感之旅

時間：日景 10:15 ～ 18:45、夜景 19:15 ～ 21:45、30 分鐘一班、每趟 50 分鐘
路線：中環 7 號天星碼頭→香港回歸祖國紀念碑→金紫荊廣場、灣仔會展中心→灣仔軒尼詩道美食
　　　及購物區→銅鑼灣時代廣場→銅鑼灣禮頓道→（日景）跑馬地馬場、（夜景）灣仔軒尼詩
　　　道美食及購物區→（日景）皇后大道東、舊灣仔、（夜景）灣仔鬧市酒吧區→金鐘太古廣場、
　　　香港公園→纜車總站、聖約翰座堂→皇后像廣場、舊最高法院→中環 7 號天星碼頭

玩 **億萬夜景——太平山頂與山頂纜車**

太平山腳為中環商業區，半山至山頂則是豪宅林立的高級住宅群，房價每坪動輒飆破千萬臺幣，入住半山，正是晉升富貴階級的象徵。海拔 552 公尺的太平山為港島最高峰，不過遊客眺望維港夜景的「太平山頂」並非是真正的制高點，而是山頂纜車「山頂總站」與「山頂公共運輸總站」所在的爐峰峽一帶（海拔 373 公尺）。地標建築物「凌霄閣」也座落於此，其內設有商場、餐廳、觀景平臺與香港杜莎夫人蠟像館等娛樂設施。計畫前往山頂賞景的朋友，黃昏是最佳時間，可觀察維港由白晝到黑夜的瞬息萬變。

登太平山頂，主要有搭乘巴士 15（首站位於中環交易廣場巴士總站）與山頂纜車兩種途徑，後者沿著陡坡徐徐而上，別有一番樂趣。1888 年投入服務的山頂纜車，是全亞洲最早的纜索鐵路系統，路軌全長 1.4 公里，往來花園道、山頂兩座總站，車程約 8 分鐘。

INFO

山頂纜車

時間：07:00 ～ 24:00、8 ～ 15 分鐘一班、每趟 8 分鐘

票價：單程 28 港幣、來回 40 港幣，可使用八達通。

交通：前往「花園道總站」方式有二，一是可於中環 7 號天星碼頭旁巴士站搭乘巴士「新巴」15C
　　　至「花園道山頂纜車站」，車程約 10 分鐘；二是由地鐵中環站 J2 出口，循「山頂纜車」指
　　　標步行約 15 分鐘前往。

乘車點：中環交易廣場巴士總站

地址：中環康樂廣場 8 號交易廣場地下

交通：地鐵中環站 A 出口，迴轉上手扶梯，過馬路後下樓梯右轉即見。

乘車點：山頂公共運輸總站

地址：山頂山頂道 118 號山頂廣場地下坑狀室內車站

車次：公共運輸總站設有巴士總站、專線小巴總站、的士站，主要車次有開往中環交易廣場、中環
　　　5 號碼頭的新巴 15，以及開往中環（香港站）的專線小巴 1。

🍴 超靚雲吞麵——麥奀雲吞麵世家

　　香港普遍販售港式雲吞，皮以雞蛋、麵粉製作，裁切成 8cm 乘 8cm 的正方形，內餡使用半肥瘦豬肉與鮮蝦，包成金魚尾狀外型，湯底則為海鮮熬製。由於港式雲吞必然伴隨著麵，若只想單純吃雲吞（不要麵），點餐時務必說明要「淨雲吞」。以雲吞著稱的麥奀雲吞麵世家（奀音同忙），經常登上米其林評審員推薦名單，在港澳設有多間分店。麥奀十分講究用料，雲吞使用新鮮全蝦和比目魚漿為餡料，湯底鮮甜、麵條 Q 彈，儘管分量較少、價位偏高，依舊廣受饕客喜愛。

INFO

麥奀雲吞麵世家

地址：山頂山頂道 118 號山頂廣場地下 1 號（山頂店）

電話：2854 3871

時間：11:00 ～ 20:00

我的月滿軒尼詩

軒尼詩道不僅名字給人清新浪漫的想像，更是串連灣仔與銅鑼灣的主要道路，這兩塊位於港島北岸的區域，恰恰見證香港過去與現在。灣仔在 19 世紀中是中產歐洲人與富有華商的住宅區，造就和昌大押、舊灣仔街市、藍屋等殖民地時期的歷史建築；銅鑼灣則自 20 世紀中快速填海發展，每坪近 30 萬臺幣的租金水準更超越紐約、東京，躍升全球最貴地段。遊樂軒尼詩，除了便捷的地鐵、巴士，更不能錯過穿梭其間的叮叮車，邊走邊拍，隨處都是值得珍藏的香港風景。

PART 1

PART 2

PART 3

PART 4

PART 5

PART 6

單日行程：
老得多美麗 × 懷舊與摩登之間

行程1 老得多美麗

 交通方式

START →地鐵「灣仔站」A4 出口，步行約 1 分鐘；電車「（西行）56W 柯布連道站、（東行）43E 柯布連道站」，步行約 2 分鐘→ **❶ 檀島咖啡餅店**→步行約 30 秒鐘→ **❷ 新深粥店**→步行約 5 分鐘→ **❸ 英記茶莊**→步行約 3 分鐘→ **❹ 太原街市集**→步行約 8 分鐘→ **❺ 再興燒臘飯店**→步行約 2 分鐘→ **❻ 三不賣**、 **❼ 利工民**→步行約 6 分鐘→ **❽ OVO（舊灣仔街市）**、 **OVO Café** →步行約 2 分鐘→ **❾ 灣仔藍屋、香港故事館**→步行約 5 分鐘→ **❿ 金鳳茶餐廳**→步行約 4 分鐘→ **⓫ 和昌大押**、**The Living Room**→電車「（西行）58W 汕頭街站→上、中環方向」或「（東行）41E 盧押道站→銅鑼灣、北角方向」→旅館

 交通方式

START → 地鐵「灣仔站」A4 出口，步行約 5 分鐘；電車「（西行）52W 杜老誌道站、（東行）47E 杜老誌道站」，步行約 1 分鐘→ **①華星冰室**→步行約 7 分鐘→ **②打小人**→步行約 3 分鐘→ **③老三陽**→步行約 2 分鐘→ **④時代廣場**→步行約 9 分鐘→ **⑤午炮**→步行約 7 分鐘→ **⑥何洪記粥麵專家、希慎廣場**→步行約 5 分鐘→ **⑦曲奇 4 重奏**→步行約 10 分鐘→ **⑧跑馬地馬場、香港賽馬博物館**→步行約 12 分鐘→ **⑨雅谷餐廳**→電車「（東行）108 黃泥涌道站→銅鑼灣、北角方向」，或是步行約 3 分鐘至電車「跑馬地總站」，由此搭乘電車「（西行）跑馬地→堅尼地城」前往灣仔、中環、上環→旅館

景點導覽：
灣仔 × 銅鑼灣 × 跑馬地

區域 灣仔

食 經典朝聖──檀島咖啡餅店

　　洋溢港島風情的電影《月滿軒尼詩》，故事背景設定在溝通灣仔、銅鑼灣的軒尼詩道，為求真實，更到座落於此的檀島咖啡餅店拍攝。當地慣稱檀島茶餐廳的資深餅店，開幕迄今超過一甲子，1990 年搬至現址，另在中環士丹利街、將軍澳連

理街設有分店。店家必嘗招牌是擁有 192 層酥皮的酥皮蛋撻，酥皮香鬆、入口即化，是深植港人心中的絕讚蛋撻味。除了糕餅甜點，檀島也供應各式茶餐廳料理，餐點正宗、飲品濃郁，坐在店內享用，就是最正港的軒尼詩風情。

INFO

檀島咖啡餅店
地址：灣仔軒尼詩道 176-178 號（老店）
電話：2575 1823
時間：06:00 ~ 00:00
交通：地鐵灣仔站 A4 出口，右轉可見。

食 簡單舊食味──新深粥店

　　比鄰檀島的新深粥店，是間頗有年代的老廣東粥鋪，不僅陳設保有舊時的簡單樸實，服務同樣保留港人過往冷淡直白（專指對不熟稔的新客，熟客則熱情如家人）的態度。新深的粥品皆屬佳作，腸粉則是皮厚而 Q 的庶民路線，肉粽口感綿滑、粒粒分明，是本地人懷念的古早味。

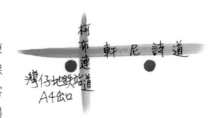

INFO

新深粥店
地址：灣仔軒尼詩道 168 號
電話：2573 3857
時間：07:00 ～ 23:00
交通：地鐵灣仔站 A4 出口，右轉可見。

卷奧

我的月滿軒尼詩
泓澳坈不賦 / 行程規劃書

🅰 文青好禮——英記茶莊

　　連鎖經營的英記茶莊始創於清光緒年間，至今傳承四代，店家強調精選各地名茶，再以繁複工序挑選配製而成。店鋪裝潢雅致復古，提供豐富多樣的茶種供顧客挑選，入門款價位親民，鋁箔真空包裝輕巧好攜帶，是相當不錯的伴手禮選項。

INFO

英記茶莊

地址：灣仔莊士敦道 170 號（灣仔店）

電話：2573 2123

時間：09:00 ～ 20:00

交通：地鐵灣仔站 A3 出口，往南直走柯布連道，
　　　左轉莊士敦道，穿越馬路至對街，續直走莊
　　　士敦道（過太和街、三角街）即達。

玩 古今玩具大本營——太原街市集

太原街內聚集許多玩具店，有的專營廉價玩具批發、有的鑽研古董玩具買賣、有的經營特定主題玩具，是不少玩具發燒友的人間天堂。無論對懷舊玩具、電影公仔或日本扭蛋感興趣，都可來此尋寶，沒準會有超乎想像的收穫！「應景的節慶裝潢」是太原街的另一項特點，每逢中秋節、萬聖節、聖誕節等中西特色節日，店家攤位就會將各種應景商品掛滿店面，色彩斑斕、熱鬧非凡！

INFO

太原街市集

位置：灣仔太原街

交通：灣仔地鐵站 A3
　　　出口，往南直走
　　　柯布連道，右轉
　　　莊士敦道，左轉
　　　太原街。

🍴 叉燒同義詞──再興燒臘飯店

再興燒臘飯店的歷史可追溯自光緒末年，不僅備受本地美食家推崇，更被CNN讚為「叉燒的同義詞」。店內陳設簡單擁擠，十有八九得與人併桌，燒臘非常出色，排隊人潮絡繹不絕。再興的叉燒使用蜂蜜等多種醬汁醃漬後以旺火燒烤，外焦脆、內柔嫩，其餘香妃雞、燒肉、燒鴨等皆屬頂級。

INFO

再興燒臘飯店

地址：灣仔軒尼詩道 265-267 號 C 座
電話：2519 6639
時間：周一至周六 10:00 ～ 22:00（周日休）
交通：地鐵灣仔站 A2 出口，往東直走軒尼詩道，穿過菲林明道，左轉史釗域道，店家位在軒尼詩道與史釗域道叉口。

🍴 傳奇涼茶獨沽一味──三不賣

號稱「不夠材料不賣、不夠火候不賣、地方不夠乾淨不賣」的三不賣，是很有個性的涼茶老舖，自1948年開業來獨售一味──使用野葛菜、龍利葉、羅漢果、蜜棗等天然食材煲煮的野葛菜水，入口清新回甘、潤喉消火、清熱止渴，是醫治咳嗽、感冒的良方。作為灣仔傳奇的存在，三不賣不僅見證當地興衰，更是港人尋覓老味道的祕密基地。

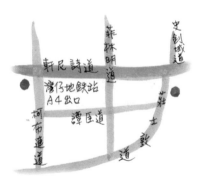

INFO

三不賣

地址：灣仔莊士敦道 226 號富嘉大廈
時間：11:30 ～ 21:30（周日休）
交通：地鐵灣仔站 A4 出口，往東直走軒尼詩道，右轉菲林明道，左轉譚臣道，左轉莊士敦道，店鋪位在右側。

105

我的月滿軒尼詩

港澳玩不膩！行程規劃書

賞 啊咋！和李小龍撞衫──利工民

堪稱港版三槍牌的利工民，是香港家喻戶曉的內衣品牌，曾經以保暖的羊毛內衣打出名號，如今雖不敵強敵環伺退守老店櫥窗，卻仍是老香港心中曾經顯赫一時的港產名牌與集體回憶。除了曾經的輝煌，利工民還有一位超級大咖代言人──李小龍，電影裡的他正是穿著這家的汗衫打惡人！

INFO

利工民
地址：灣仔莊士敦道 224 號（灣仔店）
電話：2572 8840
交通：同「三不賣」。
網址：www.leekungman.com

玩 老街市的綠新生──OVO Studio（舊灣仔街市）

位在皇后大道東、灣仔街交界，與石水渠街對望的舊灣仔街市，名列香港三級歷史建築，街市興建於 1937 年，是一座二戰前典型德國包浩斯（現代建築之父）風格建築，為香港現存最古老的鋼架結構建築。2008 年，隨著市場的功能被新灣仔街市取代，舊街市遭到拆卸，僅保留前半部外殼、灰柱與階梯。2014 年中，歐洲名牌家具店 OVO Studio 進駐，除了經營本業之餘，也開設花藝店 OVO Garden、素食餐廳 OVO Café，運用大量的木質、盆栽與自然光線，室內一角的「照雞蛋」布置洋溢舊灣仔街市氣氛，為越發商業化的灣仔留下一塊清新純淨的喘息空間。

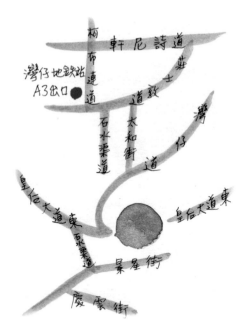

INFO

OVO Studio（舊灣仔街市）

地址：灣仔灣仔道 1 號（灣仔道、皇后大道東叉
　　　口）

電話：2527 6088

時間：11:00 ～ 20:00

交通：地鐵灣仔站 A3 出口，往南直走柯布連道，
　　　左轉莊士敦道，右轉太和街接灣仔道，直
　　　走至底即達。

網址：www.ovo.com.hk

🍴 **綠意中的素饗宴──OVO Café（祕密花園咖啡）**

　　OVO Café 為西式蔬食餐廳，供應咖啡、沙拉、三明治、蛋糕與義大利麵、燉飯、通心粉等料理，店內設計以花草為主軸，使人身在水泥叢林卻感受綠意圍繞的舒爽生機。食物水準頗高、用餐環境優雅，廣受香港素食者推薦。

INFO

OVO Café（祕密花園咖啡）

電話：2527 6011

時間：11:30 ～ 22:00（假日提早為 10:00 開
　　　始營業）

玩 有故事的老屋子——灣仔藍屋、香港故事館

建於 1920 年代的藍屋，是一棟樓高四層、融合中西特色的嶺南風格建築，為香港少數有露臺設計的唐樓古蹟。藍屋至今仍保有最初建成時的樣式，橫樑、樓梯、扶手等內部構建均採木製結構，種種難能可貴的價值，使其名列香港一級歷史建築。有趣的是，藍屋之所以漆上醒目耀眼的藍色，可能源自一個美麗的巧合——傳聞當年整修時，油漆工人手邊只有藍漆，於是順手把外牆塗抹成藍色。

來到藍屋，除了一睹建築外貌、藍色外牆、木板門戶、陡峭木梯，感受老屋子的歷史點滴之餘，還可至 1 樓的香港故事館，透過精心規劃的展覽與遊戲，一窺香港早年的生活文化與熱情洋溢的社區互動。

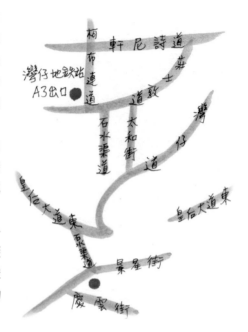

INFO

灣仔藍屋

地址：灣仔石水渠街 72-74A 號

交通：地鐵灣仔站 A3 出口，往南直走柯布連道，左轉莊士敦道，右轉太和街，至灣仔道、交加街叉口，直走灣仔道至底，右轉皇后大道東，穿越馬路入石水渠街，藍屋就位在石水渠街、景星街叉口，整趟步行約 9 分鐘。

提醒：藍屋建築物仍有私家住戶，參觀時請留意告示、輕聲細語，勿影響當地街坊生活。

香港故事館

地址：灣仔石水渠街 74 號地鋪

電話：2835 4372

時間：11:00 ~ 18:00（周三休）

網址：houseofstories.sjs.org.hk

🍴 無冰凍奶茶——金鳳茶餐廳

1956 年開業的金鳳，完整保留傳統茶餐廳風情，店內隨時供應道地港式餐點。眾美味中，以使用金玫瑰紅茶、立頓錫蘭紅茶與荷蘭黑白奶調製的「原裝凍奶茶」名氣最響亮，為避免黃金比例被融冰沖淡，店家事先將沖泡好的奶茶放入冰箱冷藏，成就令饕客魂牽夢縈的「無冰，凍奶茶」。餐點方面，剛烤好的菠蘿油外皮鬆脆，夾入滑潤冰涼的奶油，絕對是一吃難忘的冰火饗宴。現製的火腿奄列（奄列即歐姆蛋）同樣廣受好評，蛋皮脆而不乾，火腿絲分量滿滿，套餐都有一定水準，果腹飽餐兩相宜。

INFO

金鳳茶餐廳

地址：灣仔春園街 41 號春園大廈

電話：2572 0526

時間：06:00 ~ 19:00

交通：地鐵灣仔站 A3 出口，穿越馬路右轉莊士敦道，左轉春園街直走，遇叉口靠右續走春園街，未幾可見。

🎮 老香港情懷——和昌大押

樓高四層的和昌大押，由四幢設有長廊式樓臺的相連樓宇組成，是盛行於 19 世紀前後的商業建築形式，港人習慣將其稱為「唐樓」。百年後，以和昌大押為首的建築群，

陸續為市區重建局收購，並視為文物保護項目。
2007 年，官方耗資千萬港幣進行修復工程，1 樓
為專售傳統食品與舊時古玩的生活用品店，樓上
三層 The Pawn 則分別是英式簡餐酒吧 The Living
Room（供應多款麥芽威士忌及炸魚薯條、蘇格蘭
式蛋等英式小吃，店內沙發皆為英國遠渡重洋的
復古家具）、餐廳 The Dining Room 與天臺花園
The Roof Garden，使曾經頹圮的老當鋪變身集展
覽文創、休閒娛樂於一體的灣仔地標。

來到和昌大押，可以漫步在寬廣的陽臺長廊感受老香港風情，可以欣賞昔日當鋪的
文物展覽，又或者可以到藝術氣氛濃郁的餐廳裡，邊享受美食邊欣賞窗外緩緩駛過的叮
叮車……品嘗最道地優雅的美好時光。

INFO

和昌大押

地址：灣仔莊士敦道 60-66 號
電話：2866 3444
時間：11:00 ～ 23:00
交通：地鐵灣仔站 B1 出口，往西直走軒尼
　　　詩道，左轉盧押道至底（莊士敦道）
　　　即見。

玩 叮叮的記憶──香港電車（叮叮）

　　1904 年投入營運的香港電車，路線全長 13 公里，最高時速約 50 公里，往來穿梭於
港島北岸。電車全線自堅尼地城駛至筲箕灣，包括 6 條部分重疊的路線，是今日全球唯
一全數採用雙層電車的路面有軌電車系統。有趣的是，港人習慣喚電車為「叮叮」，可
愛暱稱源於車輛開動或示警時的鈴聲，由於班次密集（平均每 1.5 分鐘就有車班到站），
致使響亮的叮叮聲不絕於耳。

　　若想體會時光倒流的錯覺，則非 120 號電車莫屬，車輛的窗框板凳均採厚實木製，
照明為古早味的黃燈泡，是目前唯一保有 1949 年車款的營運中電車。「叮叮劃破長空，
緣在轉角街中。」岸西原著的《月滿軒尼詩》以叮叮作為串起緣分的觸媒，牽起銀幕內
外的共同記憶。電車不僅是港島居民倚重的代步工具、觀光客趨之若鶩的香港景致，更
是包裹真摯感情的文化象徵。

INFO

香港電車（叮叮）

行駛區域：堅尼地城、上環、中環、金鐘、灣仔、跑馬地、銅鑼灣、天后、炮臺山、北角、鰂魚涌、
　　　　　太古、西灣河、筲箕灣

時間：05:00 ～ 00:00（各路線略有差異）

票價：單程 2.3 港幣、4 日通行票 34 港幣

附註：電車一律由後門（旋轉門柵欄）上車、前門付款下車。

網址：www.hktramways.com

🍴 一款常餐霸江湖──華星冰室

　　開業短短幾年，懷舊主題茶餐廳華星冰室，憑著簡單的常餐，成功擄獲饕客味蕾。華星對食材要求嚴格，標榜使用頂級北海道牛奶與清真牛肉，滑嫩順口的炒蛋更是必點招牌，無論別名為校長多士（指價格如校長譚詠麟般年年維持 25）的松露多士、黑松露炒蛋多士或脆皮奶油豬仔（淋煉乳、抹牛油的烤法國短麵包），都令人一試難忘。

INFO

華星冰室

地址：灣仔克街 6 號廣生行大廈地下 B1 鋪（銅
　　　鑼灣店）

電話：2666 7766

時間：07:00 ～ 23:00

交通：地鐵灣仔站 A4 出口，往東直走軒尼詩
　　　道（過菲林明道），右轉克街即達。

區域 銅鑼灣

玩 阿嬤級專業打手——打小人

「打你個死人頭，打到你有氣無得透！打你個小人腳，打到你無鞋挽屐走（手拎著木屐跑，指避之唯恐不及）！」平日飽受惡氣的凡夫俗子，滿腹委屈總得有紓壓出口，此時，鵝頸橋下（港人慣稱堅拿道天橋為鵝頸橋）、代客痛毆的阿嬤級打手，就是發洩內心暗黑勢力的最佳管道。打小人時，只見外型與一般老婦無異的神婆，手持舊鞋、磚頭，痛罵狠打一張剪成人形、寫上仇家姓名的「小人紙」，好好爆毆一陣後，再為事主化災祈福，提供趨吉避凶的全套服務。

　　鑑於小人無處不在、時時做怪，原本只在驚蟄出動的神婆，現在除了農曆年短暫休息，其餘全年無休，天天挽起袖子打打打！日日夜夜，橋下迴盪她們手持凶器使勁毆打的聲音，劈里啪啦的壯觀盛景，堪稱怨念與巫術的最佳結合。

INFO

打小人

位置：銅鑼灣堅拿道天橋下（軒尼詩道、堅拿道叉口）

時間：06:00 ～ 18:00

收費：50 港幣一次

交通：地鐵銅鑼灣站 B 出口，往西直走軒尼詩道（過波斯富街），香港特色文化「驚蟄打小人」就位在天橋下。

南北靚貨盡在此——老三陽

老三陽專售來自蘇州、浙江、上海等地的道地老江南食品，從鮑參翅肚、金華火腿、粉皮豆乾、乾果乾貨、高粱紹興、各式醬料到大閘蟹、湖州糭（粽），包羅萬象、應有盡有，不僅吸引識貨老饕挑選靚貨，更是全港數百間酒樓的食材供應商。老三陽近年不敵連番飛漲的租金，由主要街道搬遷至次要巷弄，目前在銅鑼灣有兩間店面，一間位於白沙道，另一間則在距離軒尼詩道約 2 分鐘腳程的登龍街內。

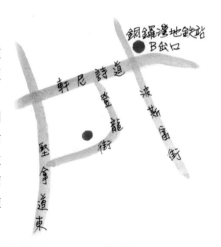

INFO

老三陽

地址：銅鑼灣登龍街 44A 號（登龍街店）

電話：2895 1482

時間：09:30 ～ 23:30

交通：地鐵銅鑼灣站 B 出口，穿越軒尼詩道後往西（右轉）續走軒尼詩道，左轉登龍街，沿往赤柱市集小巴行列至底（新記車仔麵）後順路往右。

名店王國——時代廣場

與地鐵站連通的時代廣場，是銅鑼灣規模最大的綜合商場與地標性建築，內含 3 家百貨（連卡佛 Lane Crawford、Marks & Spencer 馬莎、city'super）與超過 200 間商店，知名品牌如 Gucci、LV、CHANEL、ZARA、i.t. 均在此設櫃，10 ～ 13 樓為雲集各國料理的

高檔飲食餐廳百匯食通天。商場外的露天廣場，平日有街頭藝人在此表演，每逢萬聖節、情人節、聖誕節等特定節慶更會裝飾得五彩繽紛，增添歡樂氣氛。跨年時，這裡會舉行和紐約時代廣場一樣的大型倒數活動，吸引數十萬人慕名前來。

INFO

時代廣場
地址：銅鑼灣勿地臣街 1 號
電話：2118 8900
時間：10:00 ~ 22:00
交通：地鐵銅鑼灣站 A 出口。

玩 下面炮聲中午 12 點整，碰！——午炮

每日正午 12 點，銅鑼灣的避風塘就會陸續傳來「搖鈴 8 響＋午炮鳴放」的聲音，由於炮臺屬怡和洋行所有，故又名怡和午炮。關於午炮傳統的來歷，源於一段負荊請罪的承諾——19 世紀中，擁有禮炮隊的怡和洋行，只要有大人物抵達或離開香港，就會鳴放禮炮示意。某天，洋行總經理自英返港，員工照例致上最高敬意的 21 響禮炮，炮聲遍及維港兩岸。這帶有炫耀意味的豪氣作風，意外引起駐港英軍不滿，認為區區洋行豈有權力鳴放禮炮！為了致歉，怡和洋行自願於每天中午 12 點鳴炮報時，作為自我懲罰。

之後百年，禮炮歷經遺失、換炮（因為居民投訴太吵而由大炮改為速射炮）等流轉，依舊守著最初的約定。時至今日，除了每日的午炮，每年西曆除夕的最後 1 分鐘還會加放「子夜鳴炮」，意味迎新送舊，成為香港跨年的噱頭之一。

INFO

午炮

位置：銅鑼灣告士打道

交通：地鐵銅鑼灣站 D1 出口，往西直走駱
克道，右轉景隆街，右轉謝斐道至世
界貿易中心，穿越世界貿易中心、出
告士打道大門後左轉入第一個小巷、
左轉通往停車場的小門（此處有標
示），再循指示穿越人行道即達。

🍴 星級好粥到──何洪記粥麵專家

　　曾連續獲得米其林一星加持的何洪記，與另一間米其林常客正斗粥麵專家系出同門，
兩者皆是觀光客必訪的美食景點。顧名思義，何洪記擅長粥、麵料理，其中尤以鮮蝦雲
吞麵、鮮蝦腸粉、干炒牛河、各式粥品最受推崇。

INFO

何洪記粥麵專家

地址：銅鑼灣軒尼詩道 500 號希慎廣場 12 樓
　　　1204-1205 號（希慎店）

電話：2577 6060

時間：11:30 ～ 23:30

交通：地鐵銅鑼灣站 F2 出口。

買 白金認證綠商場——希慎廣場

以希慎興業創始人、鴉片大王利希慎命名的希慎廣場，是香港首幢獲 LEED（美國綠建築協會）白金級認證的低耗能綠色建築——於 4 樓設置萬呎空中花園；5、6 樓削減樓面作為大型通風口「城市綠窗」，藉此減低大廈造成的屏風效應。希慎廣場吸納許多知名服裝品牌進駐，諸如：GAP、DKNY、Agnès b.、Hollister、French Connection、:chocoolate 等，8～10 樓是以誠品書店為首的臺灣主題區。

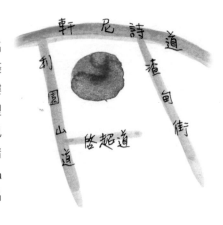

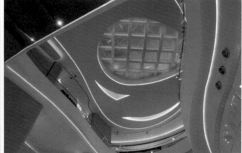

INFO

希慎廣場

地址：銅鑼灣軒尼詩道 500 號

電話：2886 7222

時間：10:00～23:00

交通：地鐵銅鑼灣站 F2 出口。

💰 驚為天人蝴蝶酥——曲奇4重奏

　　曲奇4重奏與Jenny Bakery珍妮小熊餅店，並列香港最具人氣的伴手禮餅鋪，日日吸引大批觀光客前來搶購。曲奇4重奏強調全手工製作，注重工序細節、用料上乘講究，餅乾口味豐富多元，鎮店之寶蝴蝶酥尤其令人驚豔。面對眼花撩亂的選項，擔心不知如何下手？現場均可逐一試吃。

INFO

曲奇4重奏

地址：銅鑼灣軒尼詩道432-436號人和悅大廈地下1號鋪（銅鑼灣店）

電話：2382 2827

時間：11:00 ～ 21:00

交通：地鐵銅鑼灣站B出口，往西直走軒尼詩道（過波斯富街），至堅拿道天橋旁左轉即見。

網址：www.cookiesquartet.com

區域 跑馬地

玩 跑馬溜溜的場上——跑馬地馬場

　　賽馬最初是社會名流的娛樂活動，現在則成為市井小民試手氣的日常消遣，不僅港產影視作品經常著墨，電子平面媒體更提供賽前分析、馬經開講、實況轉播等服務。談到賽馬，便會聯想到位於跑馬地的馬場（又名快活谷馬場），馬場建於 19 世紀中，經過了百年的擴建和重整，成為一座符合世界級規格的全草地馬場，目前由香港賽馬會負責營運。

　　跑馬地馬場主跑「夜馬」，賽事（一月盃、跑馬地錦標、國際騎師錦標賽等）通常排定在賽馬季節（每年 9 月至次年 6 月）的周三夜晚（日賽則在 1978 年落成、位於新界沙田區火炭東部的沙田馬場舉行），不只有精采刺激的競技，熱鬧繽紛的夜景更是一絕。

INFO

跑馬地馬場

地址：跑馬地黃泥涌道香港賽馬會

電話：2966 8081

門票：公眾席 10 港幣（可使用八達通）

交通：地鐵銅鑼灣站 A 出口，循指標前往，途經禮頓道和黃泥涌道，步行約 12 分鐘；乘電車「筲箕灣→跑馬地」線、「跑馬地→堅尼地城」線至跑馬地總站。

網址：www.hkjc.com

投注說明：賽馬玩法多元，最簡單的就是「位置」（預估哪三匹馬跑前三名）或「獨贏」（預估哪匹馬跑第一名），只要結果符合猜測，就可獲得該賠率的獎金。賽馬除了運氣，閱讀馬經內的資料也很重要，了解每匹馬的年齡、外型、體重、比賽經驗、騎師水準等，以作為投注時的依據。

香港賽馬博物館

位置：跑馬地馬場快活看臺 2 樓

時間：10:00 ～ 17:00（周一休）、比賽日 10:00 ～ 12:30

簡介：博物館設有 8 個展覽廳，內容包括賽馬歷史、跑馬地（快活谷）與沙田馬場發展史、歷年名駒資料、賽馬相關短片等，免費入場。

🍴 零失敗的頂級法國餐——雅谷餐廳

專營高級法國餐的老牌餐廳雅谷，店內洋溢濃濃懷舊歐陸風，陳設運用古木雕刻、古董名畫，銀器餐具刻有餐廳英文名「Amigo」字樣，碟子則為英國陶瓷名廠 Wedgwood 出品，件件都是有故事的珍品。雅谷以隱密度高、氣氛浪漫、服務用心著稱，不僅吸引名人光顧，也是告白求婚、慶祝周年的絕佳地點。

雅谷對餐點製作十分講究，網友推薦的招牌菜有：香煎法國鮮鵝肝配些厘酒焗蘋果（些厘酒即雪利酒）、燴牛尾、拿破崙蛋糕等，從前菜、主餐到甜點均提供桌邊服務（Gueridon Service），如鮮蜆粥打湯即是將材料和熱爐放在手推車上，再由侍應生把新鮮車厘蜆（即蛤蜊）加入粥打湯內烹煮，如此高規格饗宴，造就餐廳無與倫比的優雅氣派。

INFO

雅谷餐廳

地址：跑馬地黃泥涌道 79A 雅谷大廈

電話：2577 2202

時間：12:00 ~ 14:30、18:00 ~ 00:00

交通：地鐵銅鑼灣站 A 出口，出時代廣場，往南直走勿地臣道（過霎東街），先穿越禮頓道、再左轉入黃泥涌道，直走黃泥涌道，店家在左側，全程步行約 12 分鐘；地鐵銅鑼灣站 F2 出口，往東直走軒尼詩道、怡和街，於位在渣打銀行前的「（西行）48W 百德新街站」搭乘電車「（西行）筲箕灣→跑馬地」至「108 黃泥涌道站」，下車即見。

港島的
海岸風情

被海洋環繞的香港，生活起居都與其息息相關——早晨沿著海岸線慢跑、外出搭乘渡輪跨海、聚餐大啖生猛海鮮、假期過海享受離島遊。海洋帶來舒適遼闊的視野，海岸保存清新爽朗的氣質，成就香港獨特的島嶼魅力。無論是庶民的港島東岸、洋味的赤柱、東方的香港仔、新穎的東涌、繽紛的昂坪、懷舊的大澳，抑或保留舊時純樸的離島，都值得專程造訪。

單日行程：
東岸文藝輕旅行 × 南岸雙重奏 × 雙面大嶼山 × 島嶼懷舊 1+1× 南丫島走跳中 Ａ、Ｂ版

行程1 東岸文藝輕旅行

 交通方式

START →地鐵「筲箕灣站」B1 出口，步行約 2 分鐘；電車「筲箕灣總站」，步行約 1 分鐘→
❶ 筲箕灣街市→步行約 2 分鐘→**❷ 安利魚蛋粉麵**→步行約 10 分鐘→**❸ 香港海防博物館**→步行約 8
分鐘→**❹ 愛秩序灣海濱花園**→步行約 7 分鐘→**❺ 愛秩序灣公園**→步行約 5 分鐘→**❻ 太安樓、太興
餐廳、鴻記極品雞蛋仔**→步行約 5 分鐘→**❼ 香港電影資料館**→步行約 5 分鐘→筲箕灣道乘電車「（西
行）10W 太康街站→ 32W 北角道站」，步行約 4 分鐘→**❽ 德成號**→步行約 3 分鐘→**❾ 北角電車
總站飯堂**→電車「北角總站」搭乘「北角→石塘咀」至銅鑼灣、灣仔、中環、上環→旅館

行程 2 南岸雙重奏

香港仔避風塘

鴨脷洲

深灣

海洋公園

海洋公園
高峰樂園

深水灣

淺水灣

赤柱灣

START → 巴士 6、66、260 等「中環交易廣場巴士總站→赤柱市集站」車程約 30 分鐘→ **❶ 赤柱市集**→步行約 1 分鐘→ **❷ 泗益**→步行約 4 分鐘→ **❸ 美利樓、King Ludwig Beerhall** →步行約 3 分鐘→ **❹ 赤柱廣場**→巴士 973「赤柱廣場站（佳美道 23 號、赤柱廣場頂層）→香港仔海濱公園站」→步行約 9 分鐘→ **❺ 香港仔街市**→步行約 10 分鐘→ **❻ 香港仔海濱公眾登岸梯級（街渡碼頭）**→步行約 4 分鐘→ **❼ 珍寶碼頭、珍寶王國**→香港仔巴士總站→中環→旅館

行程3 雙面大嶼山

START → 地鐵「東涌站」D 出口→步行約 2 分鐘→ ❶ **萬有街市、金凱麵包店**→步行約 8 分鐘→ ❷ **昂坪 360 東涌站**→纜車「昂坪 360」運行 30 分鐘→ ❸ **昂坪 360 昂坪站**→步行約 10 分鐘→ ❹ **天壇大佛**→步行約 8 分鐘→ ❺ **龍輝山水豆腐花**→步行約 1 分鐘→ ❻ **昂坪市集**→步行約 2 分鐘→ ❼ **昂坪巴士總站**→巴士 21「昂坪巴士總站→大澳巴士總站」車程約 20 分鐘→ ❽ **大澳巴士總站**→步行約 3 分鐘→ ❾ **大澳棚屋** ❿ **張財記蝦醬**、⓫ **大澳小食**、⓬ **大澳餅店**、⓭ **大澳炭燒雞蛋仔叔叔**、⓮ **其記**、⓯ **隱姑茶果**→步行約 8 分鐘→ ⓰ **大澳文化工作室**→步行約 3 分鐘→ ❽ **大澳巴士總站**→巴士 11「大澳巴士總站→東涌市中心巴士總站」車程約 50 分鐘→步行約 3 分鐘→ ⓱ **大食代**→地鐵東涌站→旅館

行程 4 島嶼懷舊 1+1

日 程	活動區域	行程關鍵字	頁 碼
		【景點】長洲（碼頭周邊）	168
早餐		【平安包】郭錦記餅店	171
		【景點】北帝廟	171
甜點	長洲	【紅豆餅】故鄉俱樂部	173
		【健行】長洲家樂徑	173
		【景點】張保仔洞	174
午餐		【港式海鮮】興樂菜館	175
		【景點】坪洲（碼頭周邊）	176
		【景點】金花廟	178
		【伴手禮】超記瓷器	179
點心	坪洲	【茶餐廳】金源冰室	180
		【景點】坪洲家樂徑	180
		【景點】手指山	180
晚餐		【港式海鮮】快車茶餐廳	181

START → 中環 5 號碼頭→新渡輪「中環 5 號碼頭→長洲渡輪碼頭」航行 55 分鐘（普通）或 35 分鐘（高速）→ ❶ **長洲渡輪碼頭**→步行約 8 分鐘→ ❷ **郭錦記餅店**→步行約 2 分鐘→ ❸ **北帝廟**→步行約 8 分鐘→ ❹ **故鄉俱樂部**→ ❺ **長洲家樂徑**→ ❻ **張保仔洞**→步行約 28 分鐘→ ❼ **興樂菜館**→步行約 4 分鐘→ ❶ **長洲渡輪碼頭**→橫水渡「長洲渡輪碼頭→坪洲渡輪碼頭」航行 50 分鐘→ ❽ **坪洲渡輪碼頭**→步行約 6 分鐘→ ❾ **金花廟**→步行約 4 分鐘→ ❿ **超記瓷器**→ ⓫ **金源冰室**→ ⓬ **坪洲家樂徑**、⓭ **手指山**→步行約 15 分鐘→ ⓮ **快車茶餐廳**→步行約 2 分鐘→ ❽ **坪洲渡輪碼頭**→坪洲「坪洲渡輪碼頭→中環 6 號碼頭」航行 40 分鐘（普通）或 25 分鐘（高速）→中環→旅館

PART
1

PART
2

PART
4

PART
5

PART
6

A版 **START** → 中環4號碼頭→新渡輪「中環4號碼頭→南丫島榕樹灣渡輪碼頭」航行27分鐘→ **❶ 南丫島榕樹灣渡輪碼頭** →步行約7分鐘→ **❷ 農舍** → **❸ 榕樹灣大街** → **❹ 南丫島家樂徑（榕樹灣段）** →步行約10分鐘→ **❺ 建興亞婆豆腐花** →步行約10分鐘→ **❻ 洪聖爺灣泳灘** →步行約1分鐘→ **❼ 香草原** →步行約22分鐘→ **❽ 土耳其卡巴** →步行約1分鐘→ **❾ 榕樹灣天后廟** →步行約1分鐘→ **❿ 南島書蟲** →步行約1分鐘→ **⓫ 李寶記** →步行約2分鐘→ **⓬ 南陵金卷食品** →步行約1分鐘→ **⓭ 大興海鮮酒家** →步行約4分鐘→ **❶ 南丫島榕樹灣渡輪碼頭** →南丫島榕樹灣「榕樹灣渡輪碼頭→中環4號碼頭」航行27分鐘→中環→旅館

B版 **START** → 中環4號碼頭→新渡輪「中環4號碼頭→南丫島索罟灣渡輪碼頭」航行35分鐘→ **⓮ 南丫島索罟灣渡輪碼頭** →步行約1分鐘→ **⓯ 天虹海鮮酒家** → **❹ 南丫島家樂徑（索罟灣段）** →步行約12分鐘→ **⓰ 神風洞** →步行約11分鐘→ **⓱ 蘆鬚城泳灘** →步行約35分鐘→ **❻ 洪聖爺灣泳灘** →步行約1分鐘→ **❼ 香草原** →步行約10分鐘→ **❺ 建興亞婆豆腐花** →步行約12分鐘→ **❸ 榕樹灣大街** →步行約1分鐘→ **⓫ 李寶記** →步行約2分鐘→ **⓬ 南陵金卷食品** →步行約2分鐘→ **⓲ B‧B海景餐廳** →步行約5分鐘→ **❶ 南丫島榕樹灣渡輪碼頭** →南丫島榕樹灣「榕樹灣渡輪碼頭→中環4號碼頭」航行27分鐘→中環→旅館

景點導覽：
筲箕灣 ╳ 西灣河 ╳ 北角 ╳ 赤柱 ╳ 香港仔 ╳ 東涌 ╳ 昂坪 ╳ 大澳 ╳ 長洲 ╳ 坪洲 ╳ 南丫島

區域 筲箕灣

食 拚出好滋味——安利魚蛋粉麵

　　安利憑藉庶民小吃魚蛋粉麵馳名全港，湯底鮮香濃郁、河粉有嚼勁，白皙的潮州魚丸彈力十足，精心燉煮的牛腩軟嫩滑口，足與「九記」媲美。魚蛋粉麵菜式主要有粉麵類、切腩粉麵類（切腩即清燉牛腩）兩類，再按乾溼分成湯河（有湯）與撈麵（乾麵），配料包括：魚蛋、魚片（類似魚酥）、牛丸、雲吞、柱候炆牛腩（柱侯醬源於佛山，用黃豆、鹽、糖、芝麻與生抽調製而成，用於烹調肉類）等，可根據喜好選擇淨（無配料）、單、雙拼、三拼、四寶等組合。名稱奇特的「切腩撈幼」是將牛腩鋪在乾細麵上，一軟一韌，對比強烈卻又相互融合，是很受歡迎的選項。安利也供應茶餐廳的餐點與飲料，鮮油奶多士、凍奶茶都非常出色。

INFO

安利魚蛋粉麵
地址：筲箕灣筲箕灣東大街 57 號
電話：2567 7122
時間：07:00 ～ 19:00
交通：地鐵筲箕灣站 B1 出口，左轉筲
　　　箕灣東大街，步行約 3 分鐘。

🎡 見證百年海防史──香港海防博物館

　　海防博物館的前身是 1887 年建成的舊鯉魚門炮臺（當時控制維港東面入口的要衝），這座百年前最具規模的防禦工事，現改建為保存與展示香港 600 年海防歷史的博物館。館內主要有接待區、堡壘、古蹟徑等三個區域，展出槍械、大炮、軍服等百餘件與海防有關的藏品。博物館巧妙運用現代展場的概念，在原有的基礎上，將古蹟活化呈現並賦予歷史價值。

INFO

香港海防博物館

地址：筲箕灣東喜道 175 號
電話：2569 1500
時間：10:00 ~ 17:00
票價：10 港幣
交通：地鐵筲箕灣站 B2 出口，循指標沿東區走廊往北，步行約 10 分鐘。

🎡 填海造陸又一篇──愛秩序灣海濱花園

　　在地狹人稠的香港，填海是解決土地不敷使用的最佳良方。1990 年代，港府在愛秩序灣進行填海工程（原海岸線位於今愛秩序灣道），無中生有的不只有萬人屋邨、中小學、社區休閒設施，也包括新生的海岸線。愛秩序灣海濱透過完善的建設與美化，成為一座兼具運動

休憩功能的愛秩序灣海濱花園。沿著臨海處步行，可見停泊在筲箕灣避風塘內的各式漁船，空氣飄散混合海鹹與燃油的氣味、耳畔傳來船隻運轉的轟隆聲，感受有別於都會鬧區的舊時避風塘即景。

INFO

愛秩序灣海濱花園

位置：筲箕灣愛禮街（由譚公廟綿延至嘉亨灣）

時間：07:00 ～ 23:00

交通：地鐵筲箕灣站 D1 出口，往北直走東區走廊，左轉愛禮街。

玩 重現老漁村——愛秩序灣公園

位於愛秩序灣海濱花園左側的愛秩序灣公園，是以昔日漁港風情為設計主題的公園，園區內擺放一艘漁船與兩艘舢舨，遊客可由木板渡頭登船參觀。此外，公園具有風廊的作用，有助於將海風導向陸地，減低高樓群造成的屏風效應。

INFO

愛秩序灣公園

位置：筲箕灣愛勤道、愛德街交界

時間：06:00 ～ 22:30

交通：地鐵筲箕灣站 D2 出口，往西走愛秩序灣道，續行愛信道，右轉愛德街，全程步行約 8 分鐘。

玩 美食時空膠囊——太安樓

太安樓是一座住商混合樓群，2 樓以上為住家，抬頭就是香港獨特的「萬國旗」勝景（礙於屋內空間不足，而將溼衣串在長木棍、凌空晾乾的權宜之計）；1 樓則是熱鬧非凡的商店街，步行其間，可見手寫菜單的車仔麵、現點現做的雞蛋仔、鑊氣十足的干炒牛河、猛火熬煮的生滾粥……在香港租金飆高、幾乎趕絕街邊美食的今日，聚集各式小吃攤位的太安樓更顯稀有，一景一物，彷彿回到 80 年代的港劇場景。

INFO

太安樓

地址：西灣河筲箕灣道 57-87 號
交通：地鐵西灣河站 A 出口，對面為太安樓群。

食 摩登燒臘家——太興餐廳

以燒臘為主打的太興，與翠華同是香港隨處可見的新穎連鎖餐館，不僅午晚供應粵菜熱炒，也有茶餐廳的經典菜式與飲品。各式公仔麵、炒河粉、奶油脆豬、西式扒餐（即排餐）都具水準，其中冰鎮奶茶和金鳳茶餐廳異曲同工——沖泡後置入冰箱急凍的無冰塊版本，上桌時整杯放在盛著冰塊的容器內，是兼具味覺、視覺的精心擺盤。

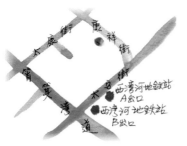

INFO

太興餐廳
地址：西灣河筲箕灣道 57-87 號太安樓地下
　　　G26 號（西灣河店）
電話：2567 7362
時間：07:00 ~ 24:00
交通：地鐵西灣河站 A 出口，對面為太安樓群。

🍴 脆脆咬一口──鴻記極品雞蛋仔

　　源於 1950 年代的雞蛋仔為香港原創的街頭小食，最初是雜貨店老闆不想浪費破蛋而研發的甜點。製作雞蛋仔時，先將雞蛋、麵粉、砂糖、奶水等調成濃稠狀的蛋漿，再倒入蜂巢狀鐵製模型內高溫烘烤，儘管材料與臺灣路邊小吃雞蛋糕頗為相仿，但雞蛋仔輕薄酥脆（倪匡妙喻「像吃空氣」），兩者口感大異其趣。

　　有別於分店處處的利強記北角雞蛋仔（老店在北角英皇道 492 號），曾受 CNN 等知名媒體採訪的鴻記則是別無分號。鴻記改良蛋漿配方，使雞蛋仔外脆內軟的特色更為明確，店家強調即叫即做，堅持讓客人品嚐熱騰騰的經典原味。

INFO

鴻記極品雞蛋仔

地址：西灣河筲箕灣道 57-87 號太安樓第二
　　　街 A34C 號鋪

時間：14:00 ～ 01:00

交通：地鐵西灣河站 A 出口，對面為太安
　　　樓第一街，穿過第一街建築即可見
　　　第二街。

玩 盡賞香江百年星光──香港電影資料館

　　作為收藏與展示香港影史的專責機構，香港電影資料館透過專題展覽、舉辦影展、策劃出版品等方式，積極活化本地電影藝術。館內目前收藏電影拷貝數千部與大量的劇照、劇本、海報、原聲唱片、影片特刊、電影獎座（周潤發、蕭芳芳等明星捐贈）等珍貴文物，豐沛館藏使其被《時代雜誌》評為「亞洲最偉大的視覺藝術寶藏」與「25 項遊客不容錯過的亞洲體驗」之一。

　　來到資料館，除了免費欣賞 1 樓的電影專題展覽、付費觀看珍藏的經典電影，更別錯過 3 樓資源中心內，數以萬計的電影相關書籍與全套老電影雜誌影本，肯定讓熱中此道的發燒友流連忘返！

西灣河地
鐵站 A 出口

INFO

香港電影資料館

地址：西灣河鯉景道 50 號
電話：2119 7360
時間：10:00 ～ 20:00（周四休）、票房（販售電影票及出版品）
　　　12:00 ～ 20:00、資源中心 10:00 ～ 19:00（周六 10:00 ～
　　　17:00、周日 13:00 ～ 17:00）
交通：地鐵西灣河站 A 出口，右轉直走太安街，穿越東區走廊
　　　後左轉，經鯉景灣休憩公園、康東邨、港島東體育館即達；
　　　電車（東行）91E 太康街站、（西行）10W 太康街站，
　　　下車後往北直走筲箕灣道，右轉太祥街至底，往左入東
　　　區走廊地下道，穿過地下道即見。

區域 北角

賞 夢幻雞蛋卷——德成號

以酥鬆、蛋香味濃馳名的德成號家鄉雞蛋卷，已成為訪港最夯的伴手禮，日日可見長長人龍在門外苦候。店家開業於 1930 年代，最初販售糧油雜貨，後轉營自製雞蛋卷，目前有家鄉雞蛋卷（原味）、鮮牛油蛋卷、鮮椰汁蛋卷等三種口味，分為 1 磅與 2 磅鐵盒包裝，全港僅此一間。礙於蛋卷全部手工製造，導致供不應求，門市雖有滿滿的蛋卷現貨，卻都是被人早早預訂的囊中物。

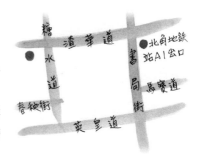

為減輕催貨壓力，德成號不時更改購買規則，現階段採取周五、周六開放現場排隊、每人每次限購 4 磅的方式，由於排隊人潮洶湧，有時上午就告售罄。勢在必得的朋友，建議確認赴港日期後（越早越好，傳聞甚至需提早半年預訂）致電訂購（德成號有三個開放預訂的時間，分別為每年 3 月、6 月與中秋翌日），儘管不保證一定有貨，但至少能獲得一些資訊。

INFO

德成號

地址：北角渣華道 64 號
電話：2570 5529
時間：09:30 ～ 19:00（周五、周六營業）
交通：地鐵北角站 A1 出口，往西直走渣華道，
　　　過糖水道即見。

🍴 祕境美食——北角電車總站飯堂

　　北角電車總站飯堂地點隱密（位於北角電車總站天橋底、站長室後方的小門內），本是提供電車司機用餐的員工餐廳，由於口味道地（網友推薦星州炒米粉、椒鹽豬扒飯、鮮茄肉片飯、魚湯）、C/P 值高，又對一般民眾開放（唯優先處理司機餐點），逐漸成為內行饕客的嘗鮮祕境。總站飯堂屬早年大牌檔的舊式格局，裝潢樸實原始，頭頂掛著吊扇、牆面貼著菜單、桌上擺著有凹痕的老水壺，料理現點現做、大火熱炒，嘗食物也品氣味。

INFO

北角電車總站飯堂

位置：北角糖水道、春秧街
交通：電車北角總站；地鐵北角站 B1 出口，
　　　往西直走英皇道，右轉糖水道。

區域 赤柱

玩 揉合東西的異國情調──赤柱

赤柱半島位於港島東南側、淺水灣與石澳之間，由於此處早年種植許多木棉樹，盛開的木棉花在陽光照耀下，遠看猶如赤紅色的柱子，所以取名「赤柱」。風景宜人、氣候舒適的赤柱，殖民時期作為英國、歐洲人的住宅區，至今仍是外籍人士定居的熱點。赤柱大街悠哉

佳美道　赤柱廣場巴士站　鄧蔭君故居（已拆除）　赤柱峽道　道村柱赤　赤柱灘道　赤柱正灘　赤柱廣場天后廟　佳美道　赤柱市集巴士總站　閒情坊　沙拳　赤柱市集　赤柱大街　美利樓　東頭灣道　黃麻角　聖士堤反中學　赤柱灣　聖士堤反灣道

清爽、赤柱市場港味十足、赤柱廣場幽雅舒適、赤柱正灘遊人如織、美利樓古意盎然……赤柱擁有中西合璧的小鎮風情，與擁擠喧囂的港島北岸彷彿兩個世界。

INFO

赤柱

交通：地鐵中環站 A 出口，迴轉上手扶梯，
過馬路後下樓梯右轉，即為中環交易廣
場巴士總站，搭乘 6、6A、6X、66、
260（速度最快）至赤柱廣場、赤柱市
集、赤柱市集巴士總站皆可。由九龍尖
沙咀、佐敦出發，可於沿線各站（麼地
道總站、梳士巴利道新世界中心、廣東
道新港中心、中港城等）乘坐 973。

港式紀念品任您選──赤柱市集

　　赤柱市集是赤柱最熱鬧的商店聚集區，各種小商店、攤位林立，販售手工藝品、項
鍊首飾、個性時裝、古董字畫、絲織藤器、清新手創等具東方或香港特色的紀念品。

INFO

赤柱市集

位置：赤柱赤柱大街
時間：10:00 ～ 19:00

🍴 鐵皮屋下的老滋味──泗益

　　開業超過半世紀的泗益，是一間大牌檔格局的茶餐廳，舊式風扇、斑駁壁紙都是飽經歲月洗禮的象徵。泗益走經濟實惠路線，凍奶茶、咸牛肉蛋菠蘿包、餐肉蛋麵、沙爹牛肉米粉都頗受歡迎，其中咖央西多士更是每桌必點的王牌。

INFO

泗益
地址：赤柱市場道 2 號（近赤柱市場、赤柱
　　　市政大樓對面）
電話：2813 0503
時間：06:00 ~ 17:00（周二下午休）

🎮 維多利亞式鬼屋？──美利樓

　　美利樓為香港僅存的古歐陸維多利亞式建築物，初建於 1844 年，原是座落中環花園道（中銀大廈現址）的英軍軍營。香港日治時期（1941 ~ 1945），轉作日本憲兵部辦事處、日本軍事統師部兼刑場，傳言在此行刑者超過四千人，成為日後鬼影幢幢的濫觴。二戰後，美利樓改為港英政府部門辦公室，期間頻傳鬧鬼，只得請宗

教人士舉行中西儀式驅邪，以安撫民心。80 年代，美利樓在配合中環整體規劃的考量下遷移，為免破壞古蹟，特地將其花崗岩逐一編號拆卸，再於赤柱仔細堆砌重建。

INFO

美利樓

位置：赤柱赤柱大街

時間：11:00 ～ 23:00 (各店不同)

🍴 賞赤柱美景．餤德國豬腳──King Ludwig Beerhall

位於美利樓 2 樓的 King Ludwig Beerhall，是一間傳統德國餐廳，店內裝潢十分講究，原木桌椅、動物標本、皮草大衣，營造奢華中帶有粗獷的歐陸風格。網友對菜色的評價頗高，農夫包搭配牛仔肝醬及芝士香草、黑森林火腿和煙腸、德國香腸拼盤、脆香燒豬和薯仔等料理都很有水準，尤以外脆內嫩的德國豬手（即豬腳）最受推崇。

INFO

King Ludwig Beerhall
地址：赤柱美利樓 2 樓 202 號（赤柱店）
電話：2899 0122
時間：12:00 ~ 00:00（周六、周日分別
　　　 提早於 11:00、10:30 營業）

🎠 享受愜意時光──赤柱廣場

聚集速食店、超市、餐廳的購物廣場，樓高五層，採全天候開放式設計。遊人可至休憩平臺小歇，內有免費使用的乾淨洗手間，鄰近戶外表演場地閒情坊。

INFO

赤柱廣場
地址：赤柱佳美道 7 號
時間：09:00 ~ 17:00

區域 香港仔

玩 回味漁村舊時光——香港仔

香港仔地處港島南岸中心，與鴨脷洲間的海港則為香港仔避風塘，由於天然條件佳，一度發展為香港最具規模的漁港，儘管漁業漸趨沒落，至今尚存百戶蜑家人在此過著傳統的水上生活。香港仔以舊時漁村風情與新鮮現撈海產聞名，避風塘更發展成海

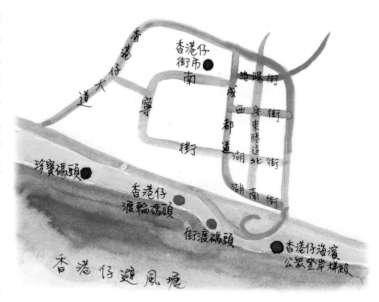

上旅遊的觀光勝地，遊客可選擇「香港仔避風塘舢舨遊」行程，近距離觀看漁民作業，或是由此搭乘街渡前往鴨脷洲或南丫島。

INFO

香港仔

交通：地鐵中環站 A 出口，迴轉上手扶梯，過馬路後下樓梯右轉，即為中環交易廣場巴士總站，搭乘 70 至香港仔巴士總站、75 至深灣公共交通總站。由九龍彌敦道出發，可於沿線各站（太子站、旺角中心、登打士街、彌敦酒店、白加士街等）乘坐 970X。

玩 味味漁村生活——香港仔街市

　　香港仔街市位於香港仔市政大廈內，樓高六層，分別販售生鮮蔬果肉類，並設有熟食中心和圖書館。街市地處南寧街、成都道與香港仔大道交界，地處最熱鬧的心臟地帶，鄰近香港仔主要商場——利港商場、香港仔中心、珍寶商場等。

INFO

香港仔街市

地址：香港仔香港仔大道 203 號
電話：2555 8973
時間：06:00 ~ 20:00（街市）、
　　　06:00 ~ 02:00（熟食中心）
交通：由香港仔海傍道出發，往北直走成都
　　　道（過湖北街、西安街），街市位於
　　　南寧街、成都道、香港仔大道交會處。

玩 渡輪＋街渡——香港仔水上交通

　　水路交通繁忙的香港，船隻不僅是當地居民的運輸工具，也是遊客很感興趣的體驗項目。除了往返港島與九龍、各主要島嶼的固定大型船班，為服務載客量較少的地區，港府便發給街渡執照作為輔助，提供短程水上載客服務。其中，香港仔避風塘一帶溝通香港仔和鴨脷洲的街渡，就是由使用傳統舢舨航行的香港仔小輪經營。從香港仔出發，不僅只需 4 分鐘就能到達鴨脷洲，還可直達南丫島的北角村、榕樹灣與索罟灣（翠華船務、全記渡經營）。

INFO

香港仔海濱公眾登岸梯級 ⟷ 鴨脷洲碼頭

經營：香港仔小輪
票價：2 港幣
時間：07:00 ～ 22:00，航程 4 分鐘，每 5 ～ 8 分鐘一班

香港仔街渡碼頭 ⟷ 南丫島北角村碼頭 ⟷ 南丫島榕樹灣渡輪碼頭

經營：翠華船務
票價：17.5 港幣（全程）、7.5 港幣（北角村 ⟷ 榕樹灣）
時間：香港仔開 06:00 ～ 22:00，榕樹灣開 06:40 ～ 21:10，航程 35 分鐘

香港仔街渡碼頭 ⟷ 南丫島索罟灣渡輪碼頭

經營：全記渡
票價：11 港幣（周一至周六）、16.5 港幣（周日）
時間：香港仔開 06:40 ～ 22:50，索罟灣開 06:00 ～ 22:10（周日延駛至隔日清晨），航程 35 分鐘

食 食神歸位——珍寶王國

　　停泊在香港仔避風塘內的珍寶王國，始營業於 1950 年，目前由珍寶海鮮舫及太白海鮮舫組成（一般慣以珍寶海鮮舫統稱），裝潢仿照中國古代宮殿設計，全船可容納超過兩千位賓客，號稱是「世界上最大的海上食府」。珍寶供應粵菜風味的海鮮料理與港式點心，品嘗美食之餘，畫舫內外的景致更是一絕，不只遊人絡繹不絕，更吸引英女王伊莉莎白二世、尤伯‧連納、湯姆‧克魯斯等各國名人親臨，經典電影如《龍爭虎鬥》、《食神》、《無間道 2》皆有在此取景拍攝。

INFO

珍寶王國

地址：香港仔黃竹坑深灣碼頭徑（珍寶碼頭）
電話：2553 9111
時間：11:00 ～ 23:00（周日提早於 09:00 營業）
交通：由中環交易廣場巴士總站搭乘巴士 70
　　　至香港仔碼頭，或是 75 至深灣碼頭；
　　　由銅鑼灣軒尼詩道 500 號搭乘巴士 38、
　　　42、72 至香港仔碼頭，或是 72A 至深
　　　灣碼頭。下車後，循指標前往珍寶碼頭，
　　　再轉搭免費接駁小輪。

區域 東涌

玩 填海打造新市鎮——東涌

位於大嶼山北側的東涌，是因為地利之便（距香港國際機場僅十餘分鐘車程，有循環巴士S1穿梭接駁）而快速崛起的衛星城市。區內不僅有多個大型私人屋苑、街市與商場，也是地鐵（東涌站）、巴士（東涌市中心巴士總站）與纜車（昂坪360東涌站）交會的轉運中心，由此搭地鐵至港島各處，或是乘巴士前往昂坪、愉景灣、梅窩、大澳等都很便捷。

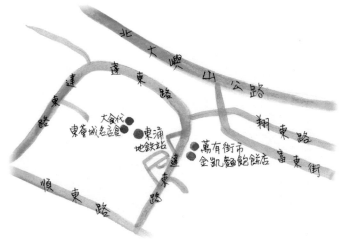

🎫 在地人的小日子──萬有街市

有別於服務觀光客的東薈城，位於地鐵東涌站另一側的萬有街市，則是服務附近居民的傳統市場。街市攤位類型含括生鮮蔬菜、熟食燒臘，可體驗東涌本地人的生活。

INFO

萬有街市

位置：東涌富東商場萬有街市
交通：地鐵東涌站 D 出口，由東薈城 2 樓穿越人
　　　行通道，往東遇達東路右轉即達。

🍴 在地好包──金凱麵包店

金凱以自製自銷、新鮮出爐的港式麵包受到好評，不只口味有一定水準，價位也具競爭力，堪稱物美價廉。

INFO

金凱麵包店

地址：東涌富東商場萬有街市 16-18 號
電話：2109 4168

🛍 誰說特價無好貨──東薈城名店倉

地鐵東涌站直達的東薈城名店倉，是全港規模最大的名牌折扣商場 Outlet Mall，經常被來自世界各地的血拼人潮塞爆（其中尤以陸客居首），堪稱東涌的吸客黑洞。東薈城結合名牌服飾、運動周邊、娛樂服務、家居飾品、美食廣場大食代等，滿足逛街的全方位需求，商場有包括：i.t.、MANGO、H&M、Nike、adidas、PUMA、COACH、ESPRIT、Burberry、VICTORINOX 等超過 60 個國際知名品牌設櫃，減價幅度 8 ～ 3 折，甚至可見打到 1、2 折的過季零碼貨。需留意的是，基於商品都屬特價出清，付款前務必確認有無瑕疵、是否合身（結帳時店員也會再三提醒），否則銀貨兩訖便無法退換。

INFO

東薈城名店倉

地址：新界大嶼山東涌達東路 20 號

電話：2109 2933

時間：10:00 ~ 22:00

交通：地鐵東涌站 C 出口。

萬國美食薈萃——大食代

　　位於東薈城內的大食代，網羅來自中西日泰的美味料理，座位寬敞、空間明亮，血拼族可在此盡情休憩充電。

INFO

大食代

地址：東薈城名店倉 L2
電話：2109 4618
時間：10:30 ~ 22:30

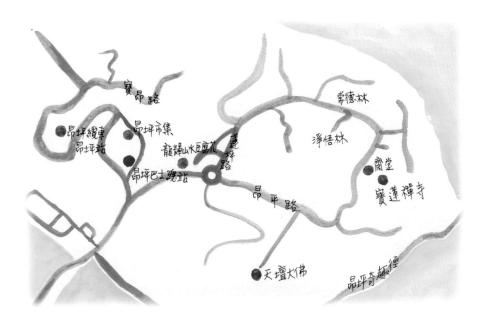

港島的海岸風情
港澳玩不膩／行程規劃書

玩 盡覽大嶼山——昂坪 360

　　串連東涌、昂坪兩地的昂坪 360 索道系統，全長 5.7 公里，為目前世界上營運距離最長的吊掛式纜車，360 意指可在行程中自由欣賞無死角的大嶼山風光，整趟約需 24 ～ 30 分鐘。纜車車廂採鑽石型設計，內有局部開放式通風設備、無空調系統（同臺北貓纜），除了深藍色的標準車廂（最多容納 17 人），也有使用強化玻璃與金屬製造的全透明水晶車廂（最多容納 10 人）。

INFO

昂坪 360

位置：大嶼山東涌站、昂坪站
電話：3666 0606
時間：10:00 ~ 18:00（假日 09:00 ~ 18:30）、氣候條件不佳或定期保養時暫停開放
票價：單程票 105 港幣（標準）、165 港幣（水晶）；來回票 150 港幣（標準）、235 港幣（水晶）、
　　　210 港幣（標準＋水晶）；360 海陸空全日通（含纜車來回、新大嶼山巴士一日通行證、大
　　　澳小艇遊）225 港幣（標準）、310 港幣（水晶）、285 港幣（標準＋水晶）。另有數種旅
　　　遊套票，可於官網查詢選購。
購票：透過網路預訂 7 天內（當日除外）門票，免去現場排隊的麻煩。
交通：地鐵東涌站 B 出口，循指標步行約 5 分鐘至東涌纜車站，近東涌市中心巴士總站。
網址：www.np360.com.hk

玩 抬頭看見佛──天壇大佛

　　高 26.4 公尺、重 250 公噸的天壇大佛，耗資 6,000 萬港幣建成，設計參考北京天壇
祈年殿的地基樣貌，故名天壇大佛，為世界第二大戶外青銅座佛（僅次於高雄佛光山大
佛）。大佛面相豐潤端正，右手示「施無畏印」，揭示佛陀布施平靜予眾生的心願，基
座為供奉佛陀舍利的紀念堂，可購票入內參觀。

　　天壇大佛所在的大嶼山寶蓮禪寺，素有「南天佛國」美譽，長年香火鼎盛。寺內有
多座富中國特色的寺廟建築，拜佛之餘，也可於寶蓮禪寺齋堂（11:30 ~ 16:30，供應珍
味素、貴賓齋等兩款齋菜套餐）品嘗西檸鮮竹片、花菇扒時蔬、碧綠如意炒、脆皮炸春
卷等美味齋菜。

INFO

天壇大佛

位置：大嶼山昂坪

電話：2985 5248

時間：10:00 ～ 17:30（天壇大佛）、08:00 ～ 18:00（寶蓮禪寺）

交通：地鐵東涌站 B 出口，步行至東涌市中心巴士總站，搭乘巴士 23 前往昂坪巴士總站，車程約
45 分鐘；大澳巴士總站搭乘巴士 21 至昂坪巴士總站，車程約 20 分鐘；地鐵東涌站 B 出口，
循指標步行約 5 分鐘至東涌纜車站，搭乘纜車，抵達後再循指標前往。

🍴 道地豆腐花——龍輝山水豆腐花

　　龍輝以自製石磨山水豆腐花為賣點，也供應咖哩魚蛋、餐蛋出前一丁等港式小食。店家鄰近昂坪市集，一面品嘗滑嫩豆花、一面歇腿休憩，是爬完 268 階拜佛通天梯後，吃喝充電的好所在。

🎯 中華概念園區——昂坪市集

　　昂坪市集建築富有傳統中式園林特色，是一座以中華文化為發想的主題園區。市集鄰近纜車、巴士站，區內購物、餐廳、娛樂設施完善，亦可見粵劇、功夫及雜耍等街頭表演。

區域 大澳

玩 港版威尼斯——大澳

　　古樸清秀的大澳，位於大嶼山西側，是具百年歷史的魚鹽業重鎮，至今仍保留香港漁村的舊時風貌，素有「香港威尼斯」美譽。棚屋為大澳的標誌性景觀，這些搭設在縱橫交錯水道上建築，源於當地漁民、蜑家的權宜之計——既對住在陸地上缺乏安全感，又無法全然生活在海上，於是選擇住在海、陸的交界處。棚屋一般建在漁村中間、河道兩岸，戶戶相連，一些通道甚至穿過鄰居的客廳或廚房。屋內格局按照漁船概念規劃，居民在棚頭生活，棚尾則用作曬海帶、鹹魚的露臺。

　　保留古早氣息的大澳漁村，處處飄散濃濃乾貨海味，手工製作的傳統蝦醬、鹹魚與魚肚遠近馳名，土產市場（永安街和新橋橋頭的路邊攤檔）、中心大街、石仔埗街均有販售，周邊也有多間海鮮餐館、舊式茶餐廳、路邊小吃攤等供遊客嘗鮮。鑽進羊腸小徑、暢遊街頭巷尾，從乾貨、海鮮醃漬品，到蝦豬餅、香妃卷、沙翁（炸蛋球）、茶果、雞蛋仔，路邊小攤不僅是販賣特色美味，更傳遞了難能可貴的香港人情。來到大澳，除了徒步漫遊，也可出海欣賞中華白海豚、乘舢舨在水道間穿梭，徜徉於平實可親的漁鄉風情。

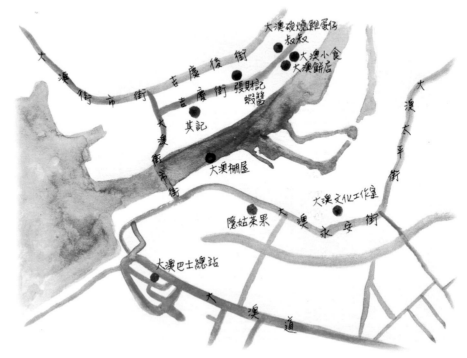

港島的海岸風情

港澳玩不膩！行程規劃書

INFO

大澳

交通：地鐵東涌站 B 出口，步行至東涌市中
心巴士總站，搭乘巴士 11 前往大澳
巴士總站，車程約 50 分鐘；梅窩巴
士總站搭乘巴士 1，車程約 45 分鐘；
昂坪巴士總站搭乘巴士 21，車程約
20 分鐘。

🍴 獨門蝦豬餅——張財記蝦醬

　　以自製蝦醬、蝦膏馳名的張財記，近年活用主力產品蝦醬，研發出名為蝦豬餅的熱騰騰現做小吃。顧名思義，蝦豬餅是將豬絞肉與蝦醬爆炒煸香後，再與生菜絲一併捲入半煎烤的油酥餅中，口感鬆軟多汁、味道多元有層次。

INFO

張財記蝦醬
地址：大嶼山大澳吉慶街 41 號
電話：2985 7428
時間：10:00 ～ 20:00（蝦豬餅僅假日下午
　　　供應）

港島的海岸風情
港澳玩不膩！行程規劃書

🍴 自創香妃卷——大澳小食

　　香妃卷是回族老闆的發想料理，先將麵糊鋪在燒熱的圓形鐵盤上，逐層撒上蔥末、蝦米、菜脯、芝麻等餡料，再淋上特製醬汁後捲起，即叫即煎、鹹香脆口。

INFO
大澳小食
地址：大嶼山大澳吉慶街 70 號
　　　（吉慶街末端）

食 極品炸沙翁——大澳餅店

　　開業超過三十年的大澳餅店，除了販售蛋撻、核桃酥、蝴蝶酥等各類糕餅，現炸的廣式沙翁更是遊客必買的明星商品。沙翁是將雞蛋、麵粉、油混合而成的麵團入鍋油炸，起鍋後再滾上糖粉，外微脆、內鬆軟，類似臺式炸雙胞胎。

INFO
大澳餅店
地址：大嶼山大澳吉慶街 66 號
電話：2985 8621
時間：06:00 ~ 20:00

🥢 墨鏡叔叔小甜甜──大澳炭燒雞蛋仔叔叔

　　來到大澳，除了蝦醬海味，另一個必去的地點就是炭燒雞蛋仔叔叔。戴著超黑墨鏡的有型叔叔，早年推著木車在街邊擺攤，近年才租下鋪位，從調製粉漿、升炭火爐到烤雞蛋仔全部一手包辦。現點現做的雞蛋仔較一般細小，外層薄脆、內部鬆軟的雞蛋糕口感，清爽甜味與炭燒香氣相得益彰。

INFO
大澳炭燒雞蛋仔叔叔
地址：大嶼山大澳吉慶街 59 號
時間：12:00 ~ 售完為止

🍴 滋味還是老的好──其記

逾四十年歷史的茶餐廳其記，獨門絕活是傳承兩代的凍檸茶──不似一般加冰塊的凍飲，而是直接將帶果肉的檸檬茶放入冰箱冷藏，喝時味道不被融冰沖淡。此外，香滑奶茶、鮮油占多、蛋牛治＋烘底（烤蛋牛油三明治）也很受歡迎，後者麵包烤得焦黃薄脆，配上滲入的香濃牛油與現煎嫩蛋，非常對味。

INFO
其記
地址：大嶼山大澳吉慶街 8 號
電話：2985 7427
時間：06:30 ～ 16:30（假日延長至 17:00）
交通：入大澳、過橫水橋，於鬧市第一條
　　　小街進球場，其記就在對面。

🍴 食補古早味──隱姑茶果

使用糯米製成的茶果（類似客家糍粑），被譽為大澳的代表食物，而隱姑就是最受推薦的老店。茶果粗略分為甜、鹹兩類，內餡包羅萬象，諸如：紅豆、眉豆、芝麻、雞屎籐（具祛風利溼、止咳化積功能的草藥）等，各種口味都置於竹籠內任君挑選。

INFO
隱姑茶果
地址：大嶼山大澳永安街 11 號 A
電話：2985 5708
時間：10:00 ～ 18:00

玩 收藏老時光——大澳文化工作室

　　大澳文化工作室為香港寥寥可數的私人博物館，展出大澳舊時漁民的日常用品與生活照片，藏品主要來自當地居民的熱心捐贈與創辦人黃惠瓊夫婦的撿拾蒐集。但礙於房屋老舊及私人因素，工作室可能於 2016 年關閉。

INFO

大澳文化工作室
地址：大嶼山大澳永安街 54 號
電話：2985 6118
時間：13:00 ～ 17:00（需預約）

區域 長洲

玩 有故事的散步樂園——長洲

長洲地處大嶼山和南丫島之間，因形狀類似啞鈴又稱啞鈴島，面積 2.46 平方公里，居民約 3 萬人，是離島區人口最稠密的島嶼。島民過去多從事漁業，以生產鹹魚、蝦醬等海鮮加工品營生，隨著產業轉型，成為離島觀光旅遊首選。長洲除了消防車、警車、救護車等公家車輛，無其他機動交通工具，當地單車租賃服務發達，遊客可以此代步。

長洲有多個歷史悠久的廟宇和景點，包括：關公忠義亭、北帝廟（太平清醮、搶包山活動在此舉行）、西灣天后廟、張保仔洞（香港傳奇海盜的藏寶地點）等，也有北眺亭、五行石、小長城、長洲西堤道、長洲東灣、觀音灣泳灘等健行踏浪的好去處。長洲「暫別而不遠離塵囂」的優勢，使她成為港人周末小旅行的最愛，觀光業蓬勃，從碼頭旁綿延的度假屋推銷攤位就能窺知一二。其他尚有租車行、平安包主題紀念品店、蝦醬乾貨店，以及供應豐富海鮮料理的長洲海鮮街，一次滿足觀光客的所有需求。

因為有一定的商業價值，可以支撐不同類型的店鋪、餐館；因為利益不夠龐大，暫時幸運躲過財團染指……如此「有點遠又不會太遠」的特點，使長洲在保留純樸的前提下，吸引不少個性鋪、手創店進駐，造就新舊交融的美感。相較多元紛陳的商家，島上的食物仍以港式為主，包括甜品（師妹甜品、允升甜品、天然甜品）、魚蛋（甘永泰魚蛋）、餅店（郭錦記）、茶餐廳（新照記）、海鮮料理（興樂菜館、蘇波記），其餘像是日本料理（故鄉俱樂部）、義大利菜（正生樂滿堂）、印度菜（Morocco's）等異國料理也頗獲好評。

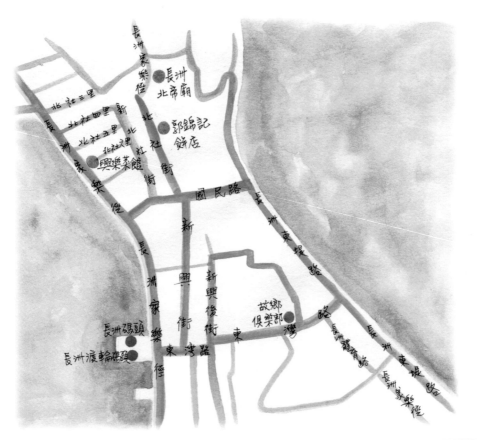

長洲家樂徑

長洲北帝廟

北社三里
北社四里 新
北社五里 北
北社二里 社
北社一里 街

郭錦記
餅店

興樂茶館

長洲家樂徑

國民路

長洲東堤路

新

長

洲 興 新
興
家 後
樂 街 街 東
徑 東灣路 灣

故鄉
俱樂部

路

長洲碼頭

長洲渡輪碼頭

長洲體育路

長洲東堤路

長洲家樂徑

INFO

中環 5 號碼頭 ←→ 長洲渡輪碼頭

經營：新渡輪

票價：13.2 港幣 / 20.7 港幣 / 25.8 港幣（周一至周六，普通渡輪普通位 / 豪華位 / 高速船）、19.4 港幣 / 30.2 港幣 / 37.2 港幣（周日，普通渡輪普通位 / 豪華位 / 高速船）

時間：中環開 12:30 ~ 23:55、長洲開 02:20 ~ 23:30；普通渡輪航程 55 ~ 60 分鐘、高速船航程 35 ~ 40 分鐘

網站：www.nwff.com.hk

橫水渡（長洲 ←→ 芝麻灣 ←→ 梅窩 ←→ 坪洲）

經營：新渡輪

票價：12.8 港幣

時間：長洲開 06:00 ~ 22:50、坪洲開 05:40 ~ 23:40，約 1 小時一班；整趟航程 49 ~ 55 分鐘

🍴 平安一口咬──郭錦記餅店

　　平安包使用麵粉、砂糖、水製成，內餡則為麻蓉、蓮蓉、豆沙，正上方蓋有紅色「平安」字樣，近年為避免浪費（發霉或爭搶時掉落地面），包山上的平安包改為塑膠製。即使無緣目睹搶包山的熱烈盛況，也可在長洲街上瞧見許多以此為發想的紀念品。郭錦記為長洲老字號餅店，以飽滿綿密的平安包著稱，店家也販售雞尾包、肉鬆包等港式麵包糕餅。

INFO

郭錦記餅店
地址：長洲北社街46號
電話：2986 9717
時間：06:00～19:00

🎯 信仰中心──北帝廟

　　北帝廟建於清乾隆四十八年（1783），距今超過兩百年歷史，為香港一級歷史建築。廟宇屬傳統三進式建築，供奉北帝（玄天上帝）、太歲、觀音及諸神明，另典藏清朝金木雕與宋代鐵鑄大劍等歷史古物。太平清醮（又名包山節）期間，長洲居民以北帝廟前球場為中心，進行大型祭祀活動。

　　相傳清乾隆年間長洲瘟疫橫行，居民向北帝祈福，終使疫症消除，為感謝神明庇佑，每年佛誕日（農曆四月初五至初九）就會打醮祈求平安。太平清醮為當地特有的民間節慶，期間全島居民一律茹素，除了舞龍舞獅、神功戲表演，搶包山與飄色（將裝扮成歷

史人物的兒童固定在支架上四處巡遊）更是必看亮點。搶包山是太平清醮的重頭戲，現已發展為個人、團體報名參賽的競技運動（類似宜蘭頭城的中元節搶孤）。活動前，廟方先將近萬個平安包平均嵌於高14公尺的棚架，再由參與者爬上包山搶奪，限時3分鐘，搶到越高位置的越有福氣、分數也越高。活動一度因為包山崩塌導致人員重傷而停辦，至2005年才在地方人士奔走下恢復，如今已成為長洲的重要慶典。

INFO

北帝廟

位置：長洲北社街尾

交通：長洲渡輪碼頭出口左轉，沿海傍路往
北直走約8分鐘，右轉國民路，左轉
北社街至底。

🍴 島嶼上的日本味——故鄉俱樂部

故鄉俱樂部是間頗具特色的日式個性小店,主力商品為紅豆餅與手卷壽司,菜單以手繪方式呈現,清新可愛。

INFO

故鄉俱樂部

地址:長洲教堂路 17 號
電話:2981 5038
時間:13:00 ~ 22:00

🎮 巡遊長洲——長洲家樂徑

串連長洲的家樂徑,是飽覽全島風光的優質健行步道,可由此途經或前往小長城(具有路段迂迴、麻石柱圍欄特色,故得此名)、觀音灣泳灘、西堤道、北眺亭、張保仔洞等景點。

玩 傳奇海盜的祕密基地——張保仔洞

　　張保仔為清中葉活躍於南中國海域的海盜，氣勢最旺時，擁有 600 艘船隻與部眾 5 萬人，他們以劫掠官船與外國商船為主，因為劫富濟貧（保證不滋擾貧戶及漁民）而成為百姓眼中的俠盜。張保仔的故事曾多次搬上銀幕，其中好萊塢電影《神鬼奇航 3：世界的盡頭》周潤發飾演的海盜嘯風船長，就

INFO

張保仔洞

交通：長洲渡輪碼頭出口右轉，沿海岸線直走約 20 分鐘至西灣天后廟，由廟後小徑上山，步行約 10 分鐘。

是以張保仔為原型設定。位於長洲西南的張保仔洞，傳言是他的祕密藏金地，由於內部黑暗狹窄、凹凸崎嶇，探訪時請務必攜帶手電筒並留意腳步。

食 鮮味食足——興樂菜館

　　興樂菜館供應白灼蝦、椒鹽鮮魷、蔥薑炒蟹、蒜蓉粉絲蒸扇貝等港式海鮮料理，價格實惠、用料新鮮，在長洲眾海鮮餐館中評價頗高。

INFO
興樂菜館
地址：長洲北社海傍路 11D 號
電話：2981 9773
時間：11:00 ～ 22:30（假日提早為 10:00
　　　營業）

港島的海岸風情
港澳玩不膩／行程規劃書

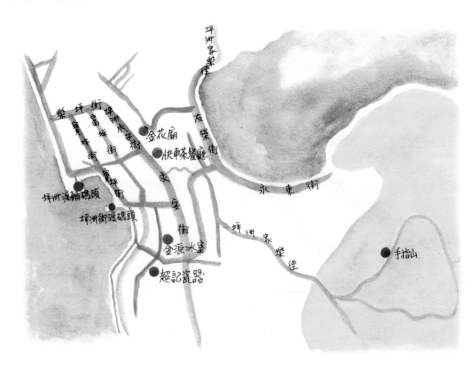

區域 坪洲

地圖標示：
坪洲家樂徑
堅坪街
賣坪街
坪洲永安街
富坪街
寶坪街
友榮街
金花廟
快車茶餐廳
永東街
坪洲渡輪碼頭
坪洲街渡碼頭
永安街
金源冰室
坪洲家樂徑
怒記瓷器
手拮山

玩 純樸淨土好清幽——坪洲

　　面積 0.99 平方公里的坪洲，鄰近愉景灣、梅窩，是香港犯罪率最低的地區，島上沒有機動車輛，居民都以腳踏車代步。與今日的純樸寧靜不同，坪洲早年是繁榮的工業重鎮，1937 年全東南亞最大的火柴廠就在此啟用，期間有超過百家公司於這裡設廠。時光流轉，仍可透過灰窯廠、火柴廠與前坪洲戲院的遺址，追憶坪洲百年間的興衰演變。

　　坪洲的商鋪集中在碼頭周邊，除了造訪居民信仰的金花廟、龍母廟、仙姐廟，亦可循坪洲家樂徑愜意遊覽海岸線。由於島嶼面積不大，3 小時就能繞完一圈，對腿力有信心又偏好自然風光的朋友不妨嘗試。相較遊人如織的長洲和南丫島，坪洲的觀光氣味淡薄，雖不及前者繽紛熱鬧，卻保留離島獨有的悠閒氛圍。

港島的海岸風情
港澳玩不膩／行程規劃書

INFO

中環 6 號碼頭 ⟷ 坪洲渡輪碼頭

經營：港九小輪

票價：15.3 港幣 / 28.5 港幣（周一至周六，普通渡輪 / 快速渡輪）、21.9 港幣 / 41.8 港幣（周日，普通渡輪 / 快速渡輪）

時間：中環開 03:00 ～ 24:30、坪洲開 03:40 ～ 23:30；普通渡輪航程 40 分鐘、快速渡輪航程 25 ～ 30 分鐘

網站：www.hkkf.com.hk

玩 送子娘娘──金花廟

位於永安街老榕樹旁的金花廟，供奉中國南部省分信奉的生育女神──金花娘娘，信徒都會來此祈求子嗣。

INFO

金花廟

位置：坪洲永安街

交通：坪洲渡輪碼頭出口右轉，步行約 3 分鐘至永安街，遇天后廟左轉，再右轉入永安街內小巷即達。

178

賞 彩繪舊時情──超記瓷器

　　工業蓬勃發展的 70 年代，林超與妻子藍嬌來到坪洲開辦「超記瓷器」，物換星移，類似的手作坊倒去大半，此處遂成為少數存活的釉上彩瓷器廠。販售商品之餘，超記也推出彩繪瓷器的體驗活動（費用 120 港幣，需 2.5 小時），有意嘗試者請先於臉書查詢與致電預約。

INFO

超記瓷器

地址：坪洲永興街 7 號
電話：9193 8044
時間：11:00 ～ 18:00
臉書：搜尋「坪洲超記瓷器」

食 戀戀意粉情——金源冰室

　　坪洲有三多——廟多、樹多、冰室多，街道常見古早味茶餐廳，步行其間給人寧靜舒適、遠離喧囂的慢活感，而保有舊時裝潢的金源冰室便是代表。金源不只奶茶、三文治有一定水準，尤其擅長各式意粉（即義大利麵）菜式，像是鮮茄牛肉燴意、干炒牛柳絲意都很受顧客喜愛，店家也供應叉燒蛋治、豬柳三文治、石斑多士等混搭料理，令人一試難忘。

INFO

金源冰室

地址：坪洲永興街 15 號
電話：2983 0921
時間：08:30 ～ 17:30

玩 坪洲家樂徑、手指山

　　連結坪洲的家樂徑是通往各景點的健行步道，遊客可循指標前往海拔 95 公尺的全島最高點——手指山的鳳萍亭，眺望愉景灣、青馬大橋與迪士尼樂園景致。

🍴 老闆，不務正業唷！——快車茶餐廳

　　快車雖名為茶餐廳，但內行食客都知道：「來呢度（這裡）要食海鮮。」籠仔糯米蒸海蝦、胡椒蝦煲、膏蟹蒸蛋、咕嚕豬頸肉、上海鹽焗雞等，都是店家的招牌料理。物美價廉、C/P 值極高的快車，吸引內行人專程搭船前來，套句香港網友的讚美：「抵到阿媽都唔認得（意譯：划算到叫媽媽）！」

INFO

快車茶餐廳
地址：坪洲永安街 53 號
電話：2983 8756
時間：11:30 ～ 14:00、17:30 ～ 21:00

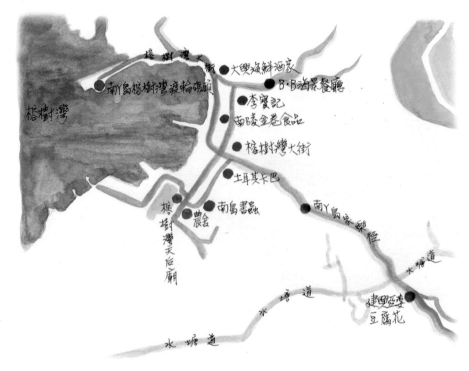

區域 南丫島

（玩）萬千風情盡在一島──南丫島

　　南丫島位在香港島西南，為香港僅次大嶼山、香港島的第三大島嶼，面積 13.7 平方公里，居民約 6,000 人，聚居於北側平坦的榕樹灣（觀光重心所在）與南面的天然漁港索罟灣（海鮮餐廳為主），步行其間約需 2 小時（不含途中遊覽景點時間）。榕樹灣和索罟灣由於居民組成的差異與文化群聚的效應，形成南丫島兩種截然不同的風情──前者飽含悠閒浪漫的西洋情調，後者則是具東方色彩的舊時漁村。青山綠水的自然風光、豐富具包容力的生活型態，使這裡成為外籍人士喜愛的度假天堂與移居熱點。此外，島內散布多個人文、自然景點，包括：洪聖爺灣泳灘、神風洞、榕樹灣天后廟、南丫島家樂徑（連結榕樹灣與索罟灣的健行路線）、菱角山遠足路線（環繞菱角山的遠足路徑，可深入了解島上自然生態和鄉土風情）、榕樹灣大街、南丫風采發電站、蘆鬚城泳灘等。

　　吃在南丫島，觀光客聚集的榕樹灣是首選，不只有離島必見的港式海鮮餐廳，也可見土耳其料理、美式速食、義大利菜、西洋蔬食等異國料理，逛累了，不妨到具地方特

香草原
洪聖爺灣泳灘
索罟灣
南Y島索罟灣
渡輪碼頭
天虹海鮮酒家
蘆鬚城泳灘
神風洞
南Y島家樂徑

色咖啡店、小酒吧充電休憩，度過悠哉的午後時光。至於漁港氣息濃厚的索罟灣，沿岸開設多間露天海鮮餐館，其中最出名的莫過於鄰近渡輪碼頭的天虹海鮮酒家。離去前，別忘記選購手工鳳凰卷、魚乾蝦米、自製蝦醬等伴手禮，與親友分享來自南Y島的甜鹹風味。

港島的海岸風情

港澳玩不賦！行程規劃書

INFO

中環 4 號碼頭 ⟷ 南丫島榕樹灣渡輪碼頭

經營：港九小輪
票價：17.1 港幣（周一至周六）、23.7 港幣（周日）
時間：中環開 06:30 ～ 24:30、榕樹灣開 06:20 ～ 23:30，航程 27 分鐘
網站：www.hkkf.com.hk

中環 4 號碼頭 ⟷ 南丫島索罟灣渡輪碼頭

經營：港九小輪
票價：21 港幣（周一至周六）、29.8 港幣（周日）
時間：中環開 07:20 ～ 23:30、索罟灣開 06:45 ～ 22:40，航程 35 分鐘

玩 歐風蔓延南島街頭——榕樹灣大街

　　榕樹灣大街堪稱南丫島命脈所在，可滿足島民與遊客的所有需求。街上洋溢休閒愜意的度假氣息，聚集多間供應歐陸、亞洲與蔬食料理的小餐館、酒吧，以及展現藝術家風格的文創小店、手工藝品小鋪與綠色環保超市。

食 悠哉素食光——農舍

　　農舍供應地中海風格的素食（奶蛋素）西式餐點，墨西哥卷配薯角、芝士蘑菇奄列、芝士香草雜菜半月中東包拼沙律、芝士蘑菇醬全麥多士拼蘑菇等菜式都頗受好評。

INFO

農舍
地址：南丫島榕樹灣大街 26 號
電話：2982 6934
時間：06:30 ～ 17:30

玩 瀟灑走一回——南丫島家樂徑

香港常見以「家樂徑」為名的步道，意指「為一家大小設計的郊遊路徑」，而南丫島家樂徑正是欣賞全島自然風光的最佳途徑。踏上步道，依循沿途指標，就可以飽覽榕樹灣的歐陸情懷與索罟灣的漁鄉情調。

INFO

南丫島家樂徑

路線：榕樹灣－榕樹灣大街－南丫風采發電站－洪聖爺灣泳灘－觀景亭－蘆鬚城泳灘－神風洞－索罟灣（其中南丫島風采發電站、蘆鬚城泳灘為單點往返，若時間有限或體力不足可選擇不去）

距離：約7公里

需時：約3～4小時

提醒：途中少見商家，請先在出發點（榕樹灣或索罟灣）用餐或購買乾糧飲水。

食 冰涼小清新——建興亞婆豆腐花

開業超過四十年的建興亞婆豆腐花，位於榕樹灣大街與洪聖爺灣泳灘間的家樂徑上，由一對老夫婦打理，攤位以帳棚搭成，是提供旅客歇腳呷涼的驛站。豆花滑潤的祕密就

在自製濾布，將豆漿倒入布袋中，以手工推擠過濾。點餐後，再將豆花與精心熬製濃稠的薑糖水組合，完整呈現綿密質地與細緻口感。

INFO

建興亞婆豆腐花

地址：南丫島榕樹灣大灣肚 1 號
時間：08:00 ～ 17:00
交通：南丫島榕樹灣渡輪碼頭上岸後，循指標往洪聖爺灣泳灘方向、沿南丫島家樂徑前行，穿過店鋪區，遇岔路右轉續走家樂徑（直走往榕樹灣後街，會通往榕樹灣天后廟），步行約 15 分鐘。

讓我們踏浪去──洪聖爺灣泳灘

洪聖爺灣泳灘屬沙石灘，水清沙細，燒烤區、更衣室、洗手間、淋浴設施等機能完備，每年 4 ～ 10 月旺季有救生員輪值駐守。近期曾因鯊魚出沒短暫封灘，有意下水的遊客請務必留意附近公告與自身安全。

🍴 有機慢食旅生活——香草原

　　占地廣闊的香草原，是全港首座有機香草園，店內擺設均以竹木製成，供應超過 40 種養生花草茶，處處活用循環再利用的綠色概念。

INFO

香草原

地址：南丫島榕樹灣洪聖爺灣泳灘側
電話：9094 6206
時間：10:00 ~ 18:00

🍴 土風漢堡香噴噴——土耳其卡巴

　　卡巴即土耳其旋轉烤肉，與臺灣可見的沙威瑪頗為相似，製作時，將削下來的烤肉與沙拉（紅蘿蔔、花椰菜等）塞入皮塔餅（口袋狀的麵餅）後，再淋上特製辣汁。餐廳由土耳其人經營，使用的薄餅有十多種口味，餡料則有烤羊肉、烤雞串燒、土耳其乳酪等選擇，另供應披薩、漢堡一類西式速食。

INFO

土耳其卡巴

地址：南丫島榕樹灣後街 4 號
電話：2982 0902
時間：14:00 ~ 22:00（假日提早為 12:00營業）

玩 媽祖有保佑──榕樹灣天后廟

天后廟供奉海上的守護神媽祖，為漁民在 1876 年籌資興建，以祈求風調雨順、漁獲豐收。不過，明明是東方信仰的天后廟，廟前卻是兩尊西洋石獅？原來放置的中式石獅在 60 年代損壞，廟方請曾在南洋雕刻西洋石獅的石匠重新製作，才造就今日的「東廟西獅」。天后廟如此傳統、洋派混搭的妙趣場景，恰巧與南丫島的東、西並存風貌不謀而合。

INFO

榕樹灣天后廟

交通：南丫島榕樹灣渡輪碼頭上岸後右轉，
　　　步行約 10 分鐘。

食 素與書的田園小夜曲──南島書蟲

南島書蟲供應有機蔬菜製作的素食料理，店內提供免費 Wi-Fi，用餐環境清幽、頗具文青氣息。

INFO

南島書蟲

地址：南丫島榕樹灣大街 79 號
電話：2982 4838
時間：10:00 ～ 21:00

買 海洋純釀──李寶記

李寶記專門販售自家生產的海味醬料，極品 XO 醬、即食蝦籽、招牌熟蝦膏等都十分鮮美，現場也提供試吃。

INFO

李寶記

地址：南丫島榕樹灣大街 41 號
電話：6595 4949

🛍 老少咸宜伴手禮——南陵金卷食品

　　金卷是南丫島最知名的海產伴手禮專賣店，榕樹灣與索罟灣都有設點，明星商品為椒鹽白飯魚和各式鳳凰卷（口感類似蛋卷），遊客可按口味喜好挑選。由於臺灣海關不允許攜帶肉製品入境，含肉鬆的鳳凰卷亦在禁止範圍，挑選時務必留意。

INFO

南陵金卷食品
地址：南丫島榕樹灣大街 32A
電話：2982 0912
時間：10:00 ～ 20:00

191

港島的海岸風情

港澳玩不賦／行程規劃書

🍴 回頭客大推——大興海鮮酒家

　　大興供應港式海鮮料理，名氣雖無索罟灣的天虹響亮，也沒有無敵海景壓陣，但用料實在、新鮮烹調，吸引內行老饕一再光顧。椒鹽瑤柱、清蒸鮮鮑魚、鮮拆蟹肉羹、豉椒炒蟶子、豉油皇大蝦、馬拉糕等，都是網友力薦的經典好菜。

INFO

大興海鮮酒家
地址：南丫島榕樹灣大街 53 號
電話：2982 0339

🍴 名氣冠南丫——天虹海鮮酒家

　　天虹以新鮮肥美的海鮮料理著稱，牛油焗龍蝦、椒鹽瀨尿蝦、原個菠蘿咕嚕肉、金獎祕製蟹等都是必點招牌菜。為服務顧客，餐廳提供由中環 9 號碼頭、尖沙咀碼頭開出的免費專船接駁，平日晚間有船班、假日提早至中午，詳情請見官網。

INFO

天虹海鮮酒家
地址：南丫島索罟灣第一街 23-24 號
電話：2982 8100
時間：10:00 ～ 23:00
網址：www.lammarainbow.com

玩 探！傳說中的神風敢死隊——神風洞

神風洞地處索罟灣、蘆鬚城間，為香港日治時期（1941 ~ 1945）的戰爭遺跡。當時日本皇軍神風敢死隊在此挖掘山洞，祕密存放裝滿魚雷的突擊快艇，以便隨時發動自殺式攻擊。

玩 踏浪兼訪古——蘆鬚城泳灘

蘆鬚城泳灘屬石沙兼備的海水浴場，位在南丫島中部，這裡在唐代為製造石灰的中心地，至今還能一睹石灰窟遺址。

食 恍如到南歐——B·B海景餐廳

B·B海景餐廳地處榕樹灣碼頭畔，芝士菠菜焗生蠔、豬仔骨、海鮮墨魚汁麵等都是可優先考慮的經典菜式。品嘗美味西式海鮮料理與歐風情調的同時，也能坐在露天茶座，欣賞海天一色的離島景致。

INFO

B·B海景餐廳
地址：南丫島榕樹灣大街 22 號
電話：2982 4388
時間：11:30 ~ 23:30

港島的海岸風情

澳門的混血果實

澳門東側與香港距離 63 公里，北面和廣東珠海交接，境內由澳門半島、氹仔、路氹城、路環 4 個區域組成。澳門半島為澳門歷史發展的核心，保留非常豐富的葡萄牙殖民遺跡，而氣氛休閒的氹仔和路環原是不接壤的兩個離島，透過填海工程將其連結起來，再將新生地建設成以賭場、酒店等娛樂事業為主題的度假勝地——路氹城。

教堂與廟堂和平共存的澳門，食物同樣不分東西、各領風騷——因地利之便吸收廣東菜的精髓，之後受葡人影響善於運用香料與歐式的烹調技術，再融入非洲、印度、馬六甲、東帝汶等料理特色，成就多元豐沛的飲食文化。無論用餐環境奢華高檔、平實庶民，類型屬中式、異國，抑或多國混血，都是令人齒頰留香的澳門味。

PART
1

PART
2

PART
3

PART
4

PART
5

PART
6

單日行程：
澳門半島世遺巡禮 × 望廈與望洋之間 ×
冰仔＋路環＋路冰

行程1 澳門半島世遺巡禮

日　程	活動區域	行程關鍵字	頁　碼
早餐	澳門半島─媽閣廟周邊	【咖啡茶室】檀香山咖啡	205
		【世界遺產】媽閣廟	205
		【世界遺產】港務局大樓	206
		【伴手禮】西美斯國際貿易有限公司	207
		【世界遺產】鄭家大屋	208
		【世界遺產】亞婆井前地	209
		【風土】下環街市	210
點心		【懷舊甜品】吳廷記	211
		【世界遺產】聖老楞佐堂（周日休）	211
點心		【蛋黃糖】占西餅店	212
		【世界遺產】崗頂劇院	213
		【世界遺產】聖奧斯定堂	214
午餐	澳門半島─議事亭前地周邊	【廣東粥】成記粥品（11:30關）	215
		【景點】德成按（每月首周一休）	215
點心		【碗仔翅】添發碗仔翅美食	216
		【世界遺產】議事亭前地	217
		【伴手禮】潘榮記	218
		【世界遺產】主教座堂	218
點心		【咖哩魚蛋】恆友咖哩魚蛋	219
		【義式冰淇淋】檸檬車露	219
		【世界遺產】玫瑰聖母堂	220

十月初五日巷

TRAVESSA DE
CINCO DE OUTUBRO

 交通方式

START →巴士「媽閣廟站」→步行約 1 分鐘→ **①** 檀香山咖啡→步行約 3 分鐘→ **②** 媽閣廟→步行約 3 分鐘→ **③** 港務局大樓→步行約 1 分鐘→ **④** 西美斯國際貿易有限公司→步行約 2 分鐘→ **⑤** 鄭家大屋→步行約 1 分鐘→ **⑥** 亞婆井前地→步行約 5 分鐘→ **⑦** 下環街市、 **⑧** 吳廷記→步行約 4 分鐘→ **⑨** 聖老楞佐堂→步行約 1 分鐘→ **⑩** 占西餅店→步行約 1 分鐘→ **⑪** 崗頂劇院→步行約 1 分鐘→ **⑫** 聖奧斯定堂→步行約 3 分鐘→ **⑬** 成記粥品→步行約 2 分鐘→ **⑭** 德成按→步行約 3 分鐘→ **⑮** 添發碗仔翅美食→步行約 2 分鐘→ **⑯** 議事亭前地、 **⑰** 潘榮記→步行約 6 分鐘→ **⑱** 主教座堂→步行約 2 分鐘→ **⑲** 恆友咖哩魚蛋、 **⑳** 檸檬車露→步行約 3 分鐘→ **㉑** 玫瑰聖母堂→步行約 2 分鐘→ **㉒** 鉅記手信→步行約 2 分鐘→ **㉓** 耶穌會紀念廣場、 **㉔** 大三巴牌坊→步行約 3 分鐘→ **㉕** 舊貨古董街、露天跳蚤市場→步行約 5 分鐘→ **㉖** 聖安多尼教堂→步行約 12 分鐘→ **㉗** 東東陽光咖啡美食→步行約 5 分鐘→ **㉘** 瘋堂十號創意園→步行約 1 分鐘→ **㉙** 藝竹苑→步行約 1 分鐘→ **㉚** 大瘋堂藝舍→步行約 2 分鐘→ **㉛** 禮記雪糕→步行約 10 分鐘→ **㉜** 瑪嘉烈蛋撻店→步行約 12 分鐘→ **㉝** 永利澳門度假村水舞秀→巴士「亞馬喇前地站、仙德麗街站」→旅館

行程2 望廈與望洋之間

 交通方式

START → 巴士「筷子基總站」→步行約 1 分鐘→ ❶ **青洲灶記咖啡**→步行約 10 分鐘→ ❷ **望廈**
山市政公園→步行約 3 分鐘→ ❸ **望廈炮臺**→步行約 5 分鐘→ ❸ **龍華茶樓**→步行約 6 分鐘→ ❹ **三盞**
燈、 ❺ **馮記三盞燈豬腳姜**→步行約 1 分鐘→巴士「亞利鴉架街站」→巴士 7、8「亞利鴉架街站→
塔石體育館站」車程約 6 分鐘→步行約 8 分鐘→ ❻ **東望洋山**→步行約 10 分鐘→ ❼ **雀仔園街市**→步
行約 1 分鐘→ ❽ **富仕葡式美食**→步行約 5 分鐘→巴士「水坑尾街站」→巴士 9A、18「水坑尾街站
→澳門旅遊塔站」車程約 7 分鐘→ ❾ **澳門旅遊塔**→巴士「澳門旅遊塔站」→旅館

PART
1

PART
2

PART
4

PART
5

PART
6

交通方式

START →巴士「黑橋\地堡街站」→步行約 2 分鐘→ ❶ **新好利咖啡餅店**→步行約 1 分鐘→ ❷
咀香園餅家→步行約 2 分鐘→ ❸ **官也街** ❹ **莫義記** ❺ **晃記餅家** ❻ **沛記咖啡室** ❼ **誠昌飯店**
→步行約 6 分鐘→ ❽ **嘉模聖母堂**→步行約 1 分鐘→ ❾ **龍環葡韻住宅式博物館**→步行約 8 分鐘→ ❿
大利來記→步行約 1 分鐘→巴士「氹仔中葡小學站」→巴士 15「氹仔中葡小學站→路環市區站」車
程約 15 分鐘→ ⓫ **路環市區**→步行約 2 分鐘→ ⓫ **安德魯餅店**→巴士 25「路環市區站→連貫公路\
威尼斯人站」車程約 15 分鐘→ ⓬ **威尼斯人度假村**→步行約 15 分鐘→ ⓭ **新濠天地水舞間**→巴士「連
貫公路\威尼斯人站」→旅館

景點導覽：
澳門半島 × 氹仔 × 路環 × 路氹

區域 澳門半島

玩 燦爛的遺產——澳門歷史城區

　　澳門歷史城區地處澳門半島中西部，是以舊城區為核心的街區，範圍涵蓋風順堂區、大堂區、花王堂區，為中國境內現存規模最大、年代最久遠、保存最完整集中的東西方風格共存建築群。見證澳門四百多年來，以嶺南為主的中華文化和以葡萄牙為首的歐陸文化間的互動交融史。

　　澳門歷史城區於 2005 年列入「世界文化遺產名錄」，其內包括 22 座建築物和相鄰的 8 塊前地（露天廣場），前者為媽閣廟、港務局大樓、鄭家大屋（思想家鄭觀應故居）、聖老楞佐堂、聖若瑟修院及聖堂、崗頂劇院、何東圖書館、聖奧斯定堂、民政總署大樓（澳門市政廳）、三街會館（關帝廟）、仁慈堂大樓、主教座堂、盧家大屋（金玉堂）、玫瑰堂（板樟堂）、大三巴牌坊、哪吒廟、舊城牆遺址、大炮臺、聖安多尼教堂、東方基金會會址、基督教墳場、東望洋炮臺（包括聖母雪地殿教堂及燈塔）；後者則有媽閣廟前地、亞婆井前地、崗頂前地、議事亭前地、板樟堂前地、大堂前地、耶穌會紀念廣場、白鴿巢前地。可貴的是，建築物多數至今仍完好保存並具有原本的功能，漫步歷史城區，彷彿走進內容豐富、形象生動的時光隧道，體驗澳門多元深厚的歷史今昔。

🍴 飲杯講究好咖啡——檀香山咖啡（下環店）

1950 年開業的檀香山咖啡，裝潢簡單舒適，為澳門頗具知名度的連鎖咖啡室。店內除了供應講究烘焙工法的各類咖啡（價位 20 ~ 80 澳門幣間），也販售三明治、義大利麵等餐點，其中公司治（類似總匯三明治）、豬扒包、辣沙甸魚包、麝香貓咖啡、西班牙凍咖啡都很受好評。

INFO

檀香山咖啡（下環店）
地址：河邊新街 304 號豐順新邨第 V 座
電話：2896 8462
時間：08:30 ~ 18:00
交通：巴士媽閣廟站，步行約 1 分鐘。

🎯 原來是 Macau——媽閣廟

祀奉海神媽祖的媽閣廟，始建於明孝宗弘治元年（1488），不僅是澳門半島的標誌性建築，更為澳門現存廟宇中最古老的一座。相傳葡萄牙人在 16 世紀登陸時，恰巧在媽閣廟旁詢問所在位置，當地人順口答「媽閣」，從此澳門便被稱為「Macau」（媽閣在葡語的譯音）。媽閣廟外石獅鎮門、屋頂採飛檐翹角形制，內有大殿、石殿、弘仁殿、觀音閣共四座主要建築，富含中國傳統廟宇特色。

INFO

媽閣廟

地址：媽閣前地
時間：07:00 ～ 18:00
交通：巴士媽閣廟站 1、2、5、6、7、10、
　　　10A、11、18、21A、26、28B、
　　　MT4、N3，步行約 1 分鐘。

🎲 中東風情再現──港務局大樓

　　港務局大樓建成於 1874 年，樓高兩層、伊斯蘭
式穹頂、拱形門窗，迴廊則仿造阿拉伯建築樣式。
最初是嚹囉兵營（派駐澳門的印度籍警察營地），
後改為船政廳與水師巡捕所（等同今日海關），現
為海事及水務局辦公大樓，目前僅開放外廊部分，
無法入內參觀。

INFO

港務局大樓

地址：媽閣斜巷（沿媽閣廟旁斜巷順路上行）

時間：09:00 ～ 18:00

交通：巴士媽閣廟站，步行約 5 分鐘；巴士
　　　港務局站 18、28B。

買 葡國磚獨家售──西美斯國際貿易有限公司

　　澳門隨處可見藍、白、黃色調的葡萄牙瓷磚，
細膩瑰麗的設計散發清雅的南歐風韻和葡澳風情，每
塊手繪瓷磚畫均是由人工逐個描繪上色，彰顯獨一無
二的手作美感。想要購買葡國磚的朋友，必定得到鄰
近媽閣廟的西美斯報到，因為這裡可是澳門僅存進口
銷售葡國磚的貿易商。

　　西美斯的老闆高先生熱心博學，對葡國磚知之

甚詳，他坦言經營葡國磚生意十分不易，不僅由訂貨至取貨需等待 2 個月，更因路途遙遠而常有貨品損傷與名實不符等問題，致使同行陸續退出。高先生表示，由於葡國工匠不喜歡總是畫同一種花樣，所以許多時候瓷磚同一圖樣只出產一批，不容易買到第二批，基於上述原因，店內常見「僅此幾件」（甚至只剩一件）的葡國磚，所以更顯珍貴。在西美斯，覓得中意的葡國磚絕非難事，唯一的困擾是沒法把喜歡的全部扛回家！

INFO

西美斯國際貿易有限公司

地址：媽閣街 28-34 號
電話：2876 8296
時間：09:30 ～ 17:30（周日休）
交通：巴士媽閣廟站，步行約 6 分鐘；巴士港務局站，下車即見。
網址：www.simexmo.com

玩 嶺南建築精髓——鄭家大屋

鄭家大屋為清末思想家鄭觀應的故居，1990 年鄭家後人遷出後一度荒廢，至 2001 年才由澳門政府收回並展開修復，2010 年對外免費開放。鄭家大屋的建材以青磚為主，採取中式大宅格局與西方古典風格，建築嚴謹宏偉、環境寧靜清幽，步行其間，猶如踏進書香門第的舊日時光。

INFO

鄭家大屋

地址：龍頭左巷 10 號
電話：8399 6699
交通：巴士媽閣廟站，步行約 9 分鐘。

澳門的混血果實

玩 葡人老地盤──亞婆井前地

　　昔日在澳門的葡人傳唱民謠：「喝過亞婆井的水，忘不掉澳門；要麼在澳門成家，要麼遠別重來。」會有這樣的感慨，是因為此地的恬淡浪漫，讓來過的人難以割捨。亞婆井為葡人在澳門最早的聚居地、當地最古老的住宅區，其中7、9、21號都是擁有數百年歷史的葡式公寓，廣場周圍洋溢濃濃南歐風情。

INFO

亞婆井前地

地址：亞婆井前地 7、9、21 號之間圍繞的
　　　廣場（鄭家大屋與媽閣廟街交會的空
　　　曠處）
交通：巴士媽閣廟站，步行約 10 分鐘。

玩 體驗澳生活——下環街市

　　下環街市樓高八層，環境整潔、規劃完善，1、2 樓分別為蔬果生鮮攤位和熟食中心，3、4 樓則是圖書館與活動中心，也可以登上頂樓天臺花園眺望周圍景致。

INFO

下環街市

地址：下環李加祿街 16 號（李加祿街、
　　　貨倉街與下環街交界處）
時間：07:30 ～ 19:30
交通：巴士河邊新街＼街市站 1、2、5、
　　　6、7、10、10A、11、21A、26、
　　　N3，步行約 1 分鐘。

🍴 資深餅店 C/P 值破表──吳廷記

開幕超過一甲子的吳廷記，以傳統糕點紅豆餅、冷糕（現烤鬆餅對折夾入白砂糖、芝麻、碎花生，臺灣稱作麵粉煎餅或芝麻煎餅）馳名，用料實在、現點現做、物美價廉（5 澳門幣起跳），深獲街坊支持。

INFO
吳廷記
地址：下環街 15 號怡豐大廈 A 座（下
　　　環街市對面、近中國銀行）
電話：2856 5393
時間：09:00 ～ 17:30（紅豆糕、冷糕
　　　13:00 以後供應）

🎲 葡版媽閣廟──聖老楞佐堂（風順堂）

聖老楞佐堂為澳門三座古教堂之一（另兩座是聖安多尼教堂、望德聖母堂），位於昔日的高級住宅區內，早年從事海上貿易的葡人慣於在此祈禱出入平安，華人取順風順水之意，將其稱作風順堂。聖堂外觀是在歐洲古典建築基礎上混合巴洛克風格，氣氛莊嚴神聖、寧靜典雅，葡人偏好來此舉行婚禮。

INFO
聖老楞佐堂（風順堂）
地址：風順堂街（由官印局街進入）
時間：10:00 ～ 16:00（周六提早至 13:00 關
　　　閉，周日休）
交通：巴士風順堂街站 9、16、18、28B，
　　　步行約 1 分鐘。

食 全澳獨見！——占西餅店

老餅店占西擅長製作舊時麵包糕餅，洋溢古早味的忌廉包（奶油麵包）、吉士布甸（使用卡士達粉製成的糕狀布丁）、鬆軟空心的沙翁（類似裹糖粉的炸雙胞胎，下午 1 點半出爐）、費工罕見的葡萄牙傳統糕點——蛋黃糖（將蛋黃加入牛油、砂糖混合後隔水加熱，需耗時兩天才能完成）與葡人昔日在聖誕節才能吃到的耶穌枕頭（內夾椰絲、杏仁粒的鬆軟點心），更是全澳罕見的必嘗經典。

INFO

占西餅店

地址：風順堂街 33 號
電話：2896 5973
時間：05:00 ～ 21:30
交通：巴士風順堂街站，步行約 2 分鐘；巴士巴掌圍站，步行約 3 分鐘。

玩 希臘神殿式劇院——崗頂劇院

建於 1860 年的崗頂劇院，原稱伯多祿五世劇院，由土生葡人（葡人與亞非族裔混血的後代，信仰西方宗教、慣於東方生活）籌建，屬新古典主義風格。劇院不僅為中國首座西式劇院（中國首次放映電影處），也是澳門唯一一座歐式劇院建築。

INFO

崗頂劇院

地址：崗頂前地
時間：10:00 ~ 23:00（花園、劇院有表演活動時才開放）
交通：巴士巴掌圍站 6、9、9A、16、23、28B、32，步行約 3 分鐘；巴士風順堂街站，步行約 5 分鐘。

玩 神蹟與恩典——聖奧斯定堂

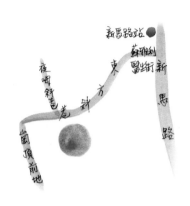

聖奧斯定堂由西班牙奧斯定修士於16世紀末創辦，初期非常簡陋，只能以棕櫚葉為屋頂，起風時樹葉飄飄，華人覺得此景如龍鬚豎起，便暱稱「龍鬚廟」（後改為龍嵩廟）。聖奧斯定堂的傳說很多，如聖像被移往他處時，會奇蹟般地自動返回原位⋯⋯種種神蹟不及備載。澳門最具代表性的宗教活動——苦難耶穌聖像遊行（2月底或3月初舉行），耶穌聖像即是由聖奧斯定堂巡遊至主教座堂，隔日再途經議事亭前地、玫瑰聖母堂、水坑尾、龍嵩街返回。

INFO

聖奧斯定堂
地址：崗頂前地3號
時間：10:00 ~ 18:00
交通：巴士新馬路站3、4、6、8A、18A、
　　　19、26A、33、N1A，步行約2分鐘。

🍴 熱情老闆好粥到——成記粥品

　　隱身窄巷的成記粥品門面雖小，名聲卻很響亮，港澳媒體競相介紹，老闆熬粥的火候掌握了得，時時人氣鼎盛。廣東粥是店家的拿手料理，口味包括牛肉、豬肝、魚片、腸粉與招牌肉丸（手工切剁甩打製成）等，尤以料多實在的綜合粥最受歡迎。

INFO

成記粥品

地址：新馬路營地大街吳家圍（大街巷內、對面是手肘圍）
電話：6660 1295
時間：07:45 ～ 11:30
交通：巴士新馬路 \ 營地大街站 2、3、3A、3X、5、7、10、10A、11、18、21A、26A、33、N1B、N3，步行約 1 分鐘；新馬路站，步行約 1 分鐘。

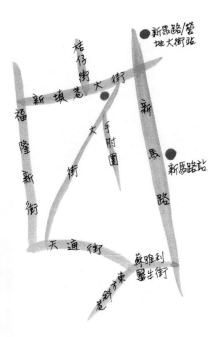

澳門的混血果實

港澳玩不膩！行程規劃書

🎮 不當當鋪已經很久了——德成按

　　澳門蓬勃的博弈產業直接促成典當業的發展，為配合賭徒不分晝夜的資金需求，當鋪大多提供「通宵營業」服務，直到近年才因銀行借貸業務的崛起而迅速萎縮。為記錄這個曾經輝煌的古老行業，澳門政府出資改建休業當鋪德成按（1917 ～ 1993）為典當展覽館，館內由當樓、貨樓組成，藉由保存系列歷史圖片、格局（遮羞板、票櫃位等）、裝潢（大紅燈籠、「蝠鼠吊金錢」牌匾等），以及典當工具、票據和紀錄，重現傳統典當業的完整風貌。

PART
1

PART
2

PART
4

PART
5

PART
6

INFO

德成按

地址：新馬路 396 號

電話：2835 7911

時間：10:30 ～ 19:00（每月第一個周一休）

票價：5 澳門幣

交通：巴士新馬路 \ 營地大街站，步行約 1
　　　分鐘。

🍴 市井小民魚翅宴──添發碗仔翅美食

添發鄰近議事亭前地，專賣各式碗仔翅（魚翅羹），以陶鍋盛裝的招牌海參花膠煲仔翅 C/P 值最高，碗裝的豪華魚翅羹則是小資族的最愛，此處為觀光客必訪的名店之一。店內空間狹小、座位有限，即使非用餐時間也需排隊候位。

INFO

添發碗仔翅美食

地址：福隆新街 18 號

電話：2838 9265

時間：12:00 ～ 22:00

交通：巴士新馬路 \ 營地大街站、新馬路
　　　站，步行約 2 分鐘。

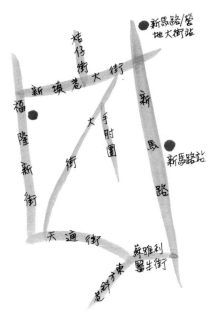

南歐風蔓延——議事亭前地

　　俗稱「噴水池」的議事亭前地，北連板樟堂前地、南倚
新馬路，北窄南闊、呈狹長三角形，長年來被視為澳門中心，
商業活動、旅遊文化發達之餘，也是舉辦節日慶典活動的首
選。廣場地面鋪設砌成波浪圖案的葡式黑白碎石子，與周圍
色彩繽紛的歷史建築相輝映，散發清新的南歐風情。

INFO

議事亭前地

地址：議事亭前地（新馬路旁、民政總署對
　　　面）

交通：巴士新馬路站，步行約 1 分鐘；巴士
　　　新馬路\營地大街站，步行約 2 分鐘。

(買) 獨門純樸味──潘榮記

潘榮記獨賣潘伯自創的減蛋金錢餅，將蛋黃、麵粉、牛油、糖等材料混合後揉搓，再把 7 個小球平均置於炭火燒熱的圓形鐵夾模內，壓上烤 30 秒鐘即熟。金錢餅包裝十分懷舊，入口有清爽蛋香，純樸簡單卻使人印象深刻。

INFO

潘榮記
地址：議事亭前地噴水池旁流動攤位
　　　（總店：新馬路大炮臺街 1 號 B）
電話：2833 5127
時間：13:00 ～ 18:00
交通：巴士新馬路站，步行約 1 分鐘。

(玩) 天主教徒信仰中心──主教座堂（大堂）

通稱主教座堂的聖母聖誕主教堂座，始建於 16 世紀中、1937 年重建，為天主教澳門教區的主教座堂。大堂屬於簡化處理的新古典主義風格，採立面對稱設計、三段式構圖模式（三扇門、三扇窗、三角形山花），彩繪玻璃耀眼奪目，內外設計饒富深意，簡約不失莊重。

INFO

主教座堂（大堂）

地址：大堂前地 1 號
時間：07:30 ～ 18:30
交通：巴士新馬路站，步行約 4 分鐘。

🍴 噓～這款醬汁有祕密——恆友咖哩魚蛋

　　恆友的擺設類似臺灣滷味攤，食材都以
竹籤串妥，除了招牌魚蛋，也有一些火鍋料
與滷牛雜、蔬菜等。點餐後，店家快速將生
料燙熟，再淋上祕製咖哩醬汁，食客憑號碼
牌領取，鹹香微辣、濃郁過癮。

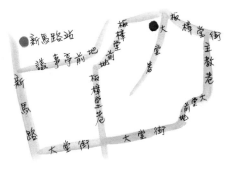

INFO

恆友咖哩魚蛋

地址：新馬路大堂巷 12C 號
時間：11:00 ～ 24:00
交通：巴士新馬路站，步行約 4 分鐘。

🍴 冠軍的滋味——檸檬車露

　　檸檬車露為澳門首間義大利手工冰淇淋 Gelato
專賣店，每日提供數十種以新鮮水果與牛奶、咖啡、
開心果等優質食材製作的低脂雪糕。店家以健康、
創意為賣點，口感清爽純粹，穩坐多年美食節甜點
類銷量第一名。

INFO

檸檬車露

地址：新馬路大堂巷 11 號（世界遺產盧家大屋旁）
電話：2833 1570
時間：12:00 ～ 23:00
交通：巴士新馬路站，步行約 4 分鐘。

玩 澳門信仰中心──玫瑰聖母堂

玫瑰聖母堂始建於 16 世紀末，由於建堂初期經費有限，僅以幾片樟木板搭建，華人暱稱為「板樟堂」。玫瑰聖母堂屬典型巴洛克式風格，主體為磚木結構，外牆以明亮的鵝黃色為主調，隨處可見精緻雕花，祭壇中央聖母環抱聖嬰的塑像莊嚴肅穆。聖堂同時是每年 5 月 13 日花地瑪聖母聖像出遊的起點，為澳門人心中的安定力量。

INFO

玫瑰聖母堂

地址：板樟堂前地

時間：10:00 ～ 18:00

交通：巴士新馬路站，步行約 4 分鐘。

🏷 包山包海全都賣──鉅記手信

鉅記手信（亦稱鉅記餅家）以推攤車兜售花生糖、薑糖起家，1997 年轉入店鋪經營，隨即躍升澳門兩大手信店之一，主要競爭對手為咀香園。鉅記在人流豐沛的觀光區廣設分店，大街小巷都見蹤跡，單是大三巴街一處就有 4 間。店內陳設包括中式糕餅、糖果肉乾等超過 300 件品項，樣樣都可試吃，明星商品為杏仁餅、鳳凰卷與蛋卷系列。

INFO

鉅記手信

地址：新馬路大三巴街 24 號 A-B 興華大廈

電話：2835 8515

時間：10:00 ～ 23:00

交通：巴士新馬路 \ 營地大街站，步行約 4
　　　分鐘；巴士草堆街站 18，步行約 2 分
　　　鐘。

玩 最旺熱點——耶穌會紀念廣場

　　耶穌會紀念廣場由寬大的階梯與四通八達的斜坡街道（大三巴街、大三巴巷、大三巴斜巷、大三巴右街等）構成，中心點為大三巴牌坊，北面設有天主教藝術博物館和墓室（展示澳門教會珍貴文物）、東面為柿山（澳門大炮臺、澳門博物館所在）、西北側是哪吒廟。位於廣場附近、象徵中葡友誼長存的男女雕像（澳葡政府於 1994 年設置），以及樓房色彩柔和粉嫩的戀愛巷（地處大三巴街與大三巴右街間），都是取景拍攝的熱點。

INFO

耶穌會紀念廣場

地址：耶穌會紀念廣場（大三巴牌坊前廣場）
交通：巴士草堆街站，步行約 3 分鐘；巴士新
　　　馬路\營地大街站、新馬路站，步行約
　　　5 分鐘。

玩 澳門地標——大三巴牌坊

　　與澳門形象緊密連結的大三巴牌坊，創建於 1580 年，全名為天主之母教堂（聖保祿教堂）遺址，「三巴」源自聖保祿的葡萄牙文 São Paulo，大三巴即是指「最大的教堂」。1835 年，教堂遭火焚毀，僅前壁部分尚存，形似中國傳統牌坊。大三巴牌坊高 27 公尺，屬矯飾主義風格，同時揉合歐洲文藝復興與東方建築風格，具有象徵澳門混血文化的地標性意義。

玩 尋找有緣物——舊貨古董街、露天跳蚤市場

　　大三巴牌坊附近巷弄內的大三巴街、花王堂街與草堆街、果欄街、爛鬼樓巷一帶，群聚販售古董家具的店鋪。每條街道各有特點，其中大三巴街上常見古玩店，花梨木製

成的仿古櫥櫃、首飾盒精緻細膩，精通各國語言的店員熟練且仔細地向顧客介紹相關資訊。據傳這裡的古董多收購自中國農村，再經店主翻新修繕，也有一些是復刻的仿古品。

除了古董店，大三巴牌坊附近（稍微遠離熱鬧的旅遊景點）還有一個露天跳蚤市集——沿著草堆街往下走至窄巷，經過一些古玩、裁縫店與其他小鋪後，到達一個交叉路口，小販就將他們的貨物放在路面展示，商品包括各種小雕像、紀念品、陶製器皿等懷舊二手貨。此外，自草堆街往下至留聲機博物館、康公廟一帶（十月初五街至海邊新街）也有一個舊集市，同樣值得一逛。

🎲 葡萄牙人的月老——聖安多尼教堂（花王堂）

聖人安多尼以尋找失物著稱，教徒只要遭遇失竊或類似問題都會向他祈禱，後來祈求的內容由物品延伸至伴侶，讓聖安多尼搖身一變成為牽紅線的月老。時至今日，許多澳門人仍將聖安多尼教堂視為舉行婚禮的首選，禮堂會以大量鮮花裝飾，形成美麗花海，華人因此暱稱這裡為「花王堂」。

INFO

聖安多尼教堂（花王堂）

地址：花王堂前地南側

時間：07:30 ~ 17:30

交通：巴士白鴿巢前地總站 8A、18、18A、
19、26，步行約 1 分鐘。

🍴 饕客掏心推——東東陽光咖啡美食

造訪澳門必吃的葡國菜，主要包含「正宗葡
國式」與集馬來西亞、非洲、印度、粵菜大成的
「澳葡菜」等兩款。簡言之，由於澳葡菜受到各
地料理的影響，烹調時有加入咖哩、椰漿、辣椒
調味的習慣，因此造訪澳門必吃的葡國雞、非洲
雞、咖哩蟹等，皆是隸屬澳葡菜的混血料理。

東東的外觀雖不起眼，如同一般舊式咖啡
室，但豬扒包、東東麵皆相當出色，其供應的葡
國菜更是老饕口中大勝米其林餐廳的道地至尊。
老闆對餐點素質要求極高，薯燴馬介休（馬介休
為經鹽醃漬的鱈魚乾）、紅豆豬手、辣汁雞扒、
葡式咖哩牛腩、吉列豬扒等均堪稱神級美食，焗
葡國雞更是眾「東粉」有口皆碑的摯愛。

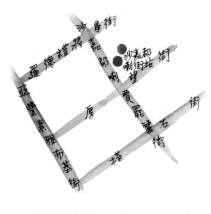

INFO

東東陽光咖啡美食

地址：荷蘭園沙嘉都喇街 16 號 F

電話：2856 0413

時間：08:00 ~ 20:30（午餐 12:00 ~
15:00、晚餐 18:00 ~ 20:30）

交通：巴士沙嘉都喇街站 7、7A、8，
下車即見。

🎮 作伙「瘋」創意──瘋堂十號創意園

數百年前，天主教神父在此建立痲瘋病院，周遭就被統稱為「瘋堂區」，瘋堂斜巷之名也由此而來。瘋堂十號創意園區索性將地址變品牌，使這裡成為藝術愛好者趨之若鶩的「文創瘋堂」。創意園區定期舉辦動漫同人會、角色扮演、藝術交流、音樂會等各類藝文活動，並開設雕塑、繪畫，以及編劇、攝影、電影等相關課程。

INFO

瘋堂十號創意園

地址：瘋堂斜巷 10 號
電話：2835 4582
時間：10:30 ~ 18:30（周一休）
交通：巴士社會工作局站 7、7A、8，步行約 1 分鐘。
網址：10fantasia.com

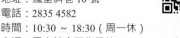

🎮 本土文創基地──藝竹苑（仁慈堂婆仔屋）

藝竹苑原名仁慈堂婆仔屋，內含兩棟百年歷史的葡式建築，環境清幽雅致。二戰期間曾是收留窮人與難民的「貧窮者之家」，之後改作老人院，由於住戶多為女性，因此稱作婆仔屋。藝竹苑設有展覽空間，舉辦講座、文化藝術課程與原創產品設計展，以推

動澳門本土文化、藝術及創意產業發展為
己任，其內還有一間頗獲好評的葡國菜餐
廳 Albergue 1601。

INFO

藝竹苑（仁慈堂婆仔屋）

地址：瘋堂斜巷 8 號
電話：2852 2550
時間：09:30 ～ 23:00
交通：巴士社會工作局站，步行約 2 分鐘。

港澳玩不膩／行程規劃書

澳門的混血果實

🔘 老建築、新創意──大瘋堂藝舍

　　位在澳門半島東側的望德堂區，近年成為澳門文創產業的重要基地，區內建築以黃
為主色，充滿文藝氣息的藝竹苑、瘋堂十號創意園、大瘋堂藝舍皆座落於此。2011 年開
幕的大瘋堂藝舍所在位置為一幢擁有近百年歷史的三層古蹟（前身是為了澳門失學兒童
創辦的華童教育輔助會），目的在傳承及弘揚中華文化，以及促進望德堂區的創意產業
發展，其內展示超過百件新石器時代至現代的民間藏品，具有觀賞價值與歷史意義。

INFO

大瘋堂藝舍

地址：瘋堂斜巷 7 號
電話：2835 3537
時間：14:00 ～ 18:00（周一休）
交通：巴士社會工作局站，步行約 3 分鐘。

🍴 被凍結的時光──禮記雪糕

　　由家族經營的禮記，不僅裝潢保有 60 年代的雪糕店風情，包裝紙盒也十分復古。坐在店內享用鎮店之寶──三文治雪糕及雪糕磚，眼睛看的、嘴裡吃的都與半世紀前分毫不差，猶如重返單純知足的舊日時光。

INFO

禮記雪糕

地址：荷蘭園荷蘭園大馬路 12-12 號 A
電話：2837 5781
時間：11:30 ～ 19:00
交通：巴士西墳馬路站 7、7A、8，步
　　　行約 3 分鐘。

🍴 葡撻聖地──瑪嘉烈蛋撻店

　　外酥內嫩的葡式蛋撻最初是葡萄牙里斯本修道院的甜點，殖民時期引入，經改良後發揚光大，成為澳門極具代表性的特色點心。瑪嘉烈與位在路環島的安德魯餅店（路環市中心撻沙街 1 號）並稱澳門兩大葡撻，調味濃淡各有擁護，臺灣肯德基販售的葡式蛋塔便是與瑪嘉烈合作。

INFO

瑪嘉烈蛋撻店

地址：新馬路馬統領街金利來大廈 17B 地鋪
電話：2871 0032
時間：06:30 ～ 20:00（周三休，周日 09:00 ～ 19:00）
交通：巴士殷皇子馬路站 3、3A、3X、10、10A、10B、
　　　11、21A、26A、33、N1B、N3，步行約 1 分鐘；
　　　巴士中區＼殷皇子馬路站 2、3A、5、7、8A、
　　　10、10A、11、21A、26A、33、N1A、N3，步行
　　　約 1 分鐘。

玩 音樂與噴泉的華麗盛宴——永利澳門度假村水舞秀

　　永利澳門度假村位在澳門半島新口岸填海區、鄰近葡京酒店，是一座綜合度假村形式的賭場酒店。為匯聚人氣、製造話題，度假村特別推出「表演湖」（水舞）、「吉祥樹」、「富貴龍」三項令人目眩神迷的免費節目，其中尤以永利酒店正門的水舞秀最受歡迎，結合雷射光束、花式噴泉、悠揚樂聲的表演湖氣勢磅礡，展演時間為 11:00 ～ 00:00、每 15 分鐘一次，與金碧輝煌的永利酒店、鄰近的葡京及新葡京娛樂場相映成趣。

INFO

永利澳門度假村水舞秀

地址：新口岸填海區仙德麗街

電話：2888 9966

交通：巴士仙德麗街站 3A、8、10A、12、23、N1A、N2，步行約 3 分鐘；巴士葡京酒店站 3、
3A、8、10、10A、10B、12、22、23、25、25X、28A，步行約 4 分鐘；亞馬喇前地總站
2A、3、3A、3X、5X、6B、7A、8、8A、9、9A、10、10A、10B、11、12、21A、22、
22F、23、25、25X、26A、28A、28BX、28C、32、33、39、50、50X、71、H1、MT1、
MT2、MT3U、N1A、N1B、N2、N3，步行約 5 分鐘；免費接駁巴士往來於澳門國際機場（平
均 20 ～ 35 分鐘一班）、港澳客運碼頭（平均 10 ～ 15 分鐘一班）、氹仔客運碼頭（平均
20 ～ 35 分鐘一班）、拱北關閘（平均 15 ～ 20 分鐘一班），營運時間為 09:00 ～ 23:45（澳
門國際機場提早至 22:15）。

附註：吉祥樹與富貴龍的表演場地位於永利酒店第二期入口中庭，未演出時上方是中國十二生肖
雕刻天花板、下方為西洋十二星座球體，做工細膩精美。兩者在同一地點交替演出，時間為
10:00 ～ 02:00，每 30 分鐘一場，吉祥樹表演一次需時約 7 分鐘、富貴龍約 4 分鐘。

🍴 矮凳情懷——青洲灶記咖啡

開業超過半世紀的青洲灶記，是馳名澳門的大牌檔老字號，門口的矮凳仔（類似臺南度小月的矮凳）正是店家的最大特色。灶記不僅香滑奶茶、招牌趣脆豬扒包廣受好評，口感超脆的咖哩辣魚包、香濃有鑊氣的黑椒牛柳絲炒通心粉、邪惡至極的冰火菠蘿包、甜膩過癮的紅豆阿華田，樣樣水準極高，是當地人品嘗好滋味的祕密基地。

INFO
青洲灶記咖啡
地址：筷子基和樂大馬路 109 號宏建大廈第
　　　8 座地下 109F-G 鋪（巴士筷子基總
　　　站旁社區內右側）
電話：2838 1316
時間：05:30 ～ 21:00
交通：巴士筷子基總站 1A、4、32、33，步
　　　行約 1 分鐘。

🎮 黑鬼山的古往今來——望廈山市政公園

市政公園位於花地瑪堂區的望廈山，主入口在美副將大馬路上，是澳門半島的市肺。公園原址為茂密植物叢林，後設置軍事設施和軍營，由於曾有非裔葡兵駐守，故俗稱「黑鬼山公園」。軍營在 70 年代中荒廢，澳葡政府曾將其改建為賓館，1995 年澳門旅遊學院 (提供旅遊及酒店課程的高等教育機構) 在此成立，不僅吸引國際留學生前來進修，附設的教學酒店「望廈賓館」更獲得「三星級收費、五星級服務」的無負評美譽，有意入住者務必提早預訂。

INFO
望廈山市政公園
交通：巴士望廈炮臺站 5、5X、17、23、25、25X，
　　　沿望廈炮臺斜坡往上，步行約 8 分鐘。

玩 炮口對祖國！──望廈炮臺

　　位於望廈山市政公園內的望廈炮臺，19世紀中葉落成，早年為葡萄牙殖民時期的軍事防禦要點，至1960年葡軍撤出後停止使用。炮臺為矩形設計，圍牆採花崗岩材質，高約6公尺，有別於澳門區內的其他炮臺，望廈炮臺的炮口直指中國的北方關閘。

食 品茶品舊品人生──龍華茶樓

　　龍華茶樓開業於1962年，從復古的裝潢陳設、隨性的服務方式到傳統的食物製作，都與半世紀前相差無幾。店內沖茶、取點心均為自助式，蒸籠選項雖然不多，但件件道地可口，唯僅營業至下午2點，欲「嘗舊」者切記趁早。

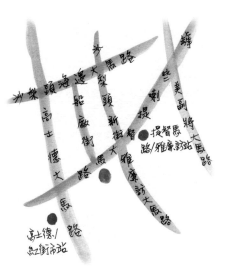

地址：筷子基提督市北街 3 號 (罅些喇提督大馬路 5 號 2 樓)

電話：2857 4456

時間：07:00 ～ 14:00

交通：巴士高士德 \ 紅街市站 6、23、32、N2，步行約 1 分鐘；巴士提督馬路 \ 雅廉訪站 1、3、
　　　3X、4、8、8A、9、9A、16、17、26、26A、28C、32、33，步行約 1 分鐘。

玩 在地美食樂園——三盞燈

　　三盞燈的正式名稱為「嘉路米耶圓形地」，因早期廣場中央的燈柱上有三盞燈，故得此名。三盞燈是澳門著名的東南亞美食聚集區，緬甸椰汁雞麵、魚湯粉、香炸魚仔、叻沙、肉骨茶、豬腦麵、印尼糕點等各國料理薈萃，風味獨具、價錢合理，廣受當地居民與外地遊客喜愛。

INFO

三盞燈

交通：巴士亞利鴉架街站 7、7A、8，步行約 1 分鐘；巴士高士德 \ 亞利鴉架街站 5、9、9A、25、25X，步行約 1 分鐘；巴士俾利喇 \ 高士德站 8、8A、12、18、18A、19、22、28C，步行約 3 分鐘。

食 酸甜滋補好好味——馮記三盞燈豬腳姜

　　廣東人傳統上會以祛寒營養的薑醋料理為剛分娩的孕婦補身，而豬腳與雞蛋富含膠質與蛋白質，遂成為進補良方。位在三盞燈圓形地街市內的豬腳姜，就是以傳統熬製的薑醋雞蛋、豬腳、豬腸、豬耳、豬肚、豬皮等聞名，醬色濃郁的滷味口味酸甜、十分開胃。

INFO

馮記三盞燈豬腳姜

地址：三盞燈圓形地街市熟食檔

時間：09:30 ～ 19:30

玩 91 公尺最高峰——東望洋山

東望洋山位於澳門半島東側，儘管高度只有海拔91公尺，但已是全澳門最高峰。19世紀，澳葡政府在此廣植松樹，不僅使這裡獲得松山的美稱，也成為澳門半島最大的綠化區，人們從事戶外活動的首選。欲登東望洋山，除了徒步健行（陸續經過炮臺、松山坑道，終點為燈塔），或是至二龍喉公園搭乘全長186公尺的世界最短纜車，全程僅需1.5分鐘。東望洋炮臺建成近四百年，涵蓋範圍包括：堂內壁畫融合中西藝術技巧的聖母雪地殿教堂（入內禁止攝

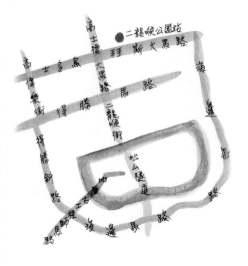

影）與遠東最古老的燈塔（暫不對外開放），炮臺最初作用為防禦外敵與瞭望觀測，現為風景宜人的旅遊景點，可從此處眺望整個澳門及珠江口的秀麗景致。

INFO

松山觀光纜車

位置：士多鳥拜斯大馬路、山洞巷

路線：二龍喉公園入口處⟷東望洋
山山頂

時間：08:00 ~ 18:00（周一休）

票價：單程 2 澳門幣、來回 3 澳門幣

交通：巴士二龍喉公園站 2、2A、6、
12、17、18、18A、19、22、
23、25、25X、32，步行約 1
分鐘。

玩 庶民小吃樂園——雀仔園街市

雀仔園街市最早始於清
光緒年間、1939 年重建，
街市內及周邊可見多個受到
當地人喜愛的傳統庶民小吃
攤，包括：布拉腸粉＋花生
醬、豬肉銀芽炒河粉、豬紅
（豬血）艇仔粥等，十分道
地美味。

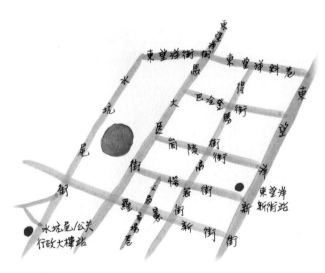

INFO

雀仔園街市

位置：公局市前地中央

電話：2830 0865

時間：07:30 ~ 19:30

交通：巴士水坑尾 \ 公共行政大樓站 2、2A、
4、7、7A、8、8A、9、9A、12、18、
18A、19、22、25、25X、H1，步行約
4 分鐘。

🍴 盡享鮮葡味──富仕葡式美食

　　由盧氏夫婦主理的葡國
菜餐館富仕，海鮮食材全由
盧太太親自選購，由於部分
材料會依照訂位人數進貨，
加上饕客絡繹不絕，建議提
前預訂。富仕屬家庭式經營，
走經濟實惠路線，招牌菜有
忌廉馬介休焗薯蓉、葡國雞、
紅豆豬手、燒雞釀飯、葡式
炒蜆、芝士中蝦焗伊麵等，
值得前往一試。

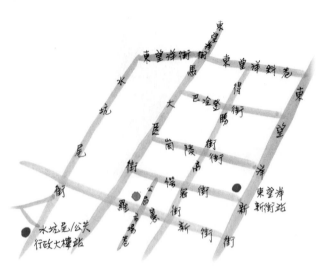

INFO

富仕葡式美食

地址：荷蘭園羅憲新街 16 號（雀仔園街市土地
　　　廟旁）
電話：2835 3797
時間：11:00 ～ 15:00、18:00 ～ 23:00（周一休）
交通：巴士東望洋新街站 6、17、28C，步行約
　　　1 分鐘；巴士水坑尾 \ 公共行政大樓站，
　　　步行約 4 分鐘。

🎮 挑戰巔峰──澳門旅遊塔

　　總高 338 公尺的澳門旅遊塔，不僅
為澳門新興的地標建築，更是全球極少
數開放遊客戶外體驗的高塔。旅遊塔設
有 3 部玻璃電梯，從地面至觀光層（即
58 ～ 61 層）僅需 50 秒鐘。觀光層距
離地面 223 公尺，其中 58 層為室內觀
光主層，可透過玻璃地板俯瞰澳門全

景；59 層設有酒廊、咖啡廳；60 層是 360 度旋轉餐廳；最高的 61 層則為戶外觀光廊，可在此進行笨豬跳（高空彈跳）、百步登天、高飛跳、空中漫步 X 版等極限體驗，各項活動請透過官網預約。

INFO

澳門旅遊塔

位置：西灣湖景大馬路澳門旅遊塔 58 ~ 61 層
電話：8988 8656
時間：10:00 ~ 21:00（假日提早為 09:00 開放）
票價：135 澳門幣（僅入內門票，不含觀光塔戶外活動）
交通：巴士澳門旅遊塔站 9A、18、23、26、32、MT4，步行約 1 分鐘。
網址：www.macautower.com.mo

活動：笨豬跳

時間：11:00 ~ 19:30（周五至周日延長至 22:00）
票價：2,888 澳門幣（包含證書、會員證、笨豬跳限量 T 恤）
簡介：自超過 200 公尺高空一躍而下，征服墜落時速破 200 公里的世界最高笨豬跳！

活動：百步登天

時間：10:30、15:30、迷你版 11:00 ~ 18:00
票價：1,888 澳門幣（包含證書、會員證、百步登天限量 T 恤、錄影與相片 USB）、迷你版 688 澳門幣
簡介：澳門旅遊塔是全球唯一開放讓遊客踏足頂峰的高塔，來回共需約 2 小時。若無強大的膽量、體力和時間，則可嘗試 30 分鐘的迷你版，爬上距地面 251 公尺的平臺。

活動：高飛跳

時間：11:00 ~ 19:30（周五至周日延長至 22:00）
票價：1,888 澳門幣（包含證書、會員證、高飛跳限量 T 恤）
簡介：有別於自由落體的笨豬跳，高飛跳是讓人以時速 75 公里的速度由旅遊塔平穩降至地面，體驗在澳門空中飛翔 17 秒鐘的快感。

活動：空中漫步 X 版

時間：11:00 ~ 19:30（周五至周日延長至 22:00）
票價：788 澳門幣（包含證書、會員證、相片光碟、空中漫步 X 版限量 T 恤）
簡介：僅靠保險繩，就在只有 1.8 公尺寬、沒有欄杆的高空步道上悠哉「散步」！

區域 氹仔

食 燕窩蛋塔超軟嫩——新好利咖啡餅店

新好利的葡撻、鮮奶撻、酥皮撻各有千秋，貴氣軟嫩的燕窩撻更是噱頭十足，不少遊客為此專程前來。既名為咖啡室，店家也供應各式搭配飯麵牛河意粉等主食的簡餐，其中雲吞牛腩麵、豆腐斑腩飯（魚肉＋油豆腐）評價頗高，扒類（煎肉排）醃料獨特、鮮嫩多汁，同樣廣受歡迎。

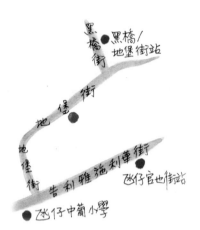

INFO

新好利咖啡餅店

地址：氹仔舊城區地堡街 13-14 號
電話：2882 7313
時間：07:00 ～ 18:00
交通：巴士氹仔中葡小學站 11、15、22、28A、30、33、34，步行約 2 分鐘；巴士黑橋＼地堡街站 11、15、22、28A、30、33、34，步行約 2 分鐘；巴士氹仔官也街站 11、15、22、28A、30、33、34，步行約 4 分鐘。

賞 古法杏仁餅——咀香園餅家

咀香園創立於 1935 年，專售餅類糕點、涼果（蜜餞）肉乾等中式食品，為當地著名的連鎖土產店。口感細滑的炭燒杏仁餅為咀香園的招牌商品，製作時先將優質杏仁碾碎後，再以傳統炭燒技術焙烤，遠遠就能嗅到清新的杏仁香氣。

INFO

咀香園餅家

地址：氹仔舊城區地堡街嘉業閣 A-D 鋪
電話：2882 7388
時間：10:00 ～ 22:00
交通：巴士黑橋＼地堡街站，步行約 1 分鐘。
網址：www.choi-heong-yuen.com

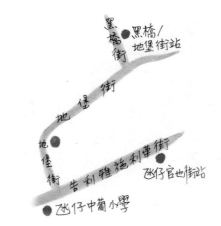

玩 觀光懶人包──官也街

　　沒空讀完整件新聞始末？懶人包助您一手掌握；無暇逛盡整個繽紛澳門？官也街讓您一網打盡！位處氹仔市中心的官也街，不僅有葡國風情的舊式建築，更聚集全澳門的美食與手信精華，剛出爐的點心正點燙口、紀念品攤綿延街頭，是澳門著名的觀光熱點。每逢周日上午 11 點至晚間 8 點，氹仔街與地堡街間的氹仔消防前地更舉行露天氹仔市集，各種特色小攤紛紛出籠，熱鬧非凡。

INFO

官也街

地址：氹仔舊城區官也街
時間：10:00 ~ 23:00（各店不同）
交通：巴士氹仔官也街站，步行約 1
分鐘；新濠天地、威尼斯人度
假村、澳門銀河綜合度假城免
費接駁巴士至官也街，步行約
1 分鐘。

🍴 菜糕與雪糕——莫義記

　　莫義記是澳門老字號甜點兼雜貨店，以大菜糕（近似臺灣的燕菜）與榴槤雪糕聞名，前者有清熱解暑、舒緩喉痛的功效，除了傳統原味，還有巧克力、榴槤、椰子、芒果、菠蘿、雞蛋、燕窩等繽紛版本。不僅如此，店家的布丁與雪糕（不似冰淇淋細緻，口感偏向剉冰）同樣別具特色，小巧的米糠布丁、珍稀的燕窩雪糕……最適合喜歡嘗鮮的遊客。

INFO

莫義記

地址：氹仔舊城區官也街 9 號 A 鋪
（官也街口）
電話：6669 5194
時間：11:00 ~ 19:00

𝟙 倒流舊食光——晃記餅家

晃記是擁有百年歷史的澳門老餅家，不只裝潢保留過去風情，製作亦堅持遵循古法，從麵皮、拌餡到焗烤，全靠師傅手工拿捏。招牌肉切酥夠薄夠脆，老婆餅、杏仁餅、金桃酥等入口鬆化、帶豬油香，甜鹹餅類包羅萬象，出爐時間日日不同，排隊人龍司空見慣。

INFO
晃記餅家
地址：氹仔舊城區官也街 14 號
電話：2882 7142
時間：10:00 ～ 19:30

𝟙 緣分蛋糕仔——沛記咖啡室

沛記是澳門人氣旺盛的在地咖啡室，餐點滋味佳、分量足，沙爹豬扒飯、吉列魚柳飯、咖哩牛腩飯都獲好評。這裡不僅有吃飽的簡餐，也有嘗巧的甜點，即是菜單上尊稱「本店之寶」的核桃蛋糕仔、提子蛋糕仔與大條蛋糕。核桃蛋糕仔糕體鬆軟綿密、果仁新鮮，入口有濃濃蛋香，大批回頭客導致求過於供，能不能買到全看緣分！

INFO

沛記咖啡室

地址：氹仔舊城區官也街 25 號
電話：2882 7462
時間：08:00 ～ 18:00

🍴 魂牽水蟹粥——誠昌飯店

　　靠著水蟹粥發跡的誠昌飯店，十餘年間憑藉真材實料茁壯，為遊客必訪的熱門餐館。招牌水蟹粥以水蟹、肉蟹、膏蟹等三種澳門本地螃蟹精華熬煮而成，粥色金黃、口感滑潤、清甜綿密，是桌桌必點的經典料理。不只有美味粥品，誠昌的海鮮菜式也是一絕，酥炸雙拼（墨魚丸、鯪魚球）、椒鹽鮮魷、金沙大蝦等都令人印象深刻。

INFO

誠昌飯店

地址：氹仔舊城區官也街 28-30 號
電話：2882 5323
時間：12:00 ～ 23:30

242

玩 氹仔信仰中心──嘉模聖母堂

　　建成於 1885 年的嘉模聖母堂，為氹仔唯一的天主教堂，樓高三層、米黃色外牆，風格簡樸典雅。聖母堂面向大海，景色清雅幽靜，是情侶約會的好去處。

INFO

嘉模聖母堂

地址：氹仔嘉路士米耶馬路＼嘉模前地
時間：10:00 ～ 16:00
交通：巴士氹仔官也街站，步行約 3 分鐘。

玩 走進殖民史──龍環葡韻住宅式博物館

　　龍環為氹仔舊稱、葡韻指葡萄牙建築風格，龍環葡韻就是由建於殖民時期的五幢臨海別墅所組成的博物館，主題分別為：葡萄牙地區之家、土生葡人之家（家居擺設融合中西特色）、海島之家、展覽館、迎賓館，不僅為澳門重要的文化遺產，也是氹仔最具

南歐情調的觀光景點。建築群落成於 1921 年，最初為離島高級官員宅邸和土生葡人家宅，1980 年代澳葡政府對其進行粉刷修復，被評為具有歷史價值的澳門建築群。此外，龍環葡韻臨近威尼斯人度假村，建築群旁（面向建築群左側）的十字公園內就有戶外電扶梯直達，不僅省時省力，途中亦可盡覽路氹美景。

INFO

龍環葡韻住宅式博物館

地址：氹仔海邊馬路
電話：2882 5314
時間：10:00 ～ 18:00（周一休）
票價：5 澳門幣（周日免費）
交通：巴士氹仔官也街站，步行約 5 分鐘。

🍴 最 Hit 豬扒包——大利來記餐廳

　　大利來記以特製的炭烤豬扒包馳名澳門，現分別在大三巴牌坊（新馬路大三巴街 25 號 B 座）、威尼斯人度假村（大運河美食廣場 2505A 號鋪）、議事亭前地（板樟堂巷 12 號 AB 鋪）等處開設分店，其中氹仔旗艦店更有第二代老闆娘親自坐鎮。大利來記選擇肉質鮮嫩厚實的豬排，佐以精心配置的醬料醃漬，麵包使用炭火烘烤、外脆內軟，需要盡全力張大嘴才能一口咬下。此外，這裡的咖哩魷魚魚蛋也很得人心，彈性十足、香辣過癮，與熱騰騰的豬扒包堪稱絕配。

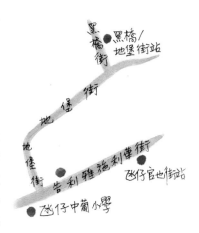

INFO

大利來記餐廳

地址：氹仔告利雅施利華街 35 號（近路氹歷史館）

電話：2882 7150

時間：08:00 ～ 18:00（豬扒包每日 14:00 出爐）

交通：巴士氹仔中葡小學站，步行約 1 分鐘；
　　　巴士氹仔官也街站，步行約 3 分鐘。

區域 路環

玩 世外桃源好清幽──路環市區

　　路環為澳門最晚發展、也是唯一未設娛樂場所的地區，處處洋溢純樸可親的小漁村景致。全島核心是位於西南角、恩尼斯總統前地周圍的路環市區，不僅有四通八達的巴士站，也可步行至掀起葡撻旋風的安德魯餅店與供應正宗葡國鄉村菜的里斯本地帶餐廳。往河岸走，左轉十月初五馬路（紀念葡萄牙在 1910 年 10 月 5 日推翻帝制建立共和而命名的道路），途經聖方濟各教堂、譚公廟；或是右轉船人街，可見造船廠、三聖宮、關閘碼頭（周邊有數間販售海鮮乾貨的雜貨鋪）等，享受有別於氹仔熱鬧、路氹繽紛的清新時光。

INFO

路環市區

交通：巴士路環市區站 15、21A、25、26、26A、50、N3。

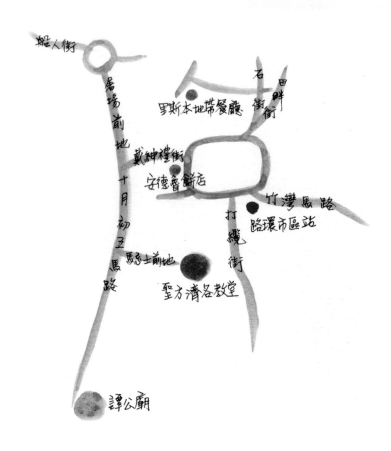

🍴 葡撻始祖──安德魯餅店

　　1989 年開業的安德魯餅店，招牌蛋撻由老闆安德魯改良傳統葡撻而成，減糖之餘更增加蛋黃與鮮奶油的分量，將內餡蛋漿添入奶油，使塔皮更鬆脆酥口、撻芯更香甜軟滑。1997 年，安德魯夫妻離異，妻子轉而經營瑪嘉烈蛋撻，先生繼續主持路環老店。安德魯過世後，餅店由胞妹接手，於鄰近開設店面稍大的安德魯花園咖啡（路環市中心打纜街 105 號，10:30 ～ 19:00），提供顧客寬敞舒適的休憩空間。

INFO

安德魯餅店
地址：路環市區市中心撻沙街 1 號
電話：2888 2534
時間：07:00 ～ 22:00
交通：巴士路環市區站，步行約 1 分鐘。

玩 水都復刻版——威尼斯人度假村

　　威尼斯人度假村所在的路氹城，是一塊連接氹仔與路環的新興填海區，其上開設新濠天地、澳門銀河、金沙城中心等大型娛樂主題園區，吸引各國遊客前往，享受目眩神迷的夢幻時光。

　　威尼斯人度假村以義大利水都為概念，內含超過350間店鋪，設置威尼斯特色拱橋、運河、石板路、貢多拉（威尼斯當地的傳統平底船，船伕一面划船、一面演唱義大利民謠）、聖馬可廣場與大運河購物中心等。度假村集博彩娛樂、會展、表演、購物、酒店元素於一體，為目前亞洲最大的單幢式酒店與全球第二大建築物。

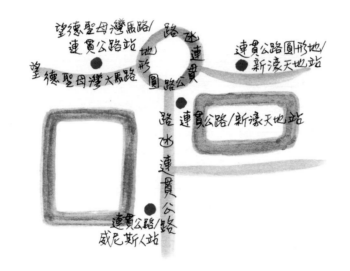

INFO

威尼斯人度假村

地址：氹仔金光大道望德聖母灣大馬路

交通：巴士連貫公路＼威尼斯人站、新城大馬路＼威尼斯人站、連貫公路＼新濠天地站、望德聖母灣馬路＼紅樹林站、望德聖母灣馬路＼連貫公路站15、21A、25、25X、26、26A、MT1、MT2、MT3、MT4、N3；免費接駁巴士往來於金沙娛樂場、澳門國際機場、港澳客運碼頭、氹仔客運碼頭、拱北關閘旅遊巴士站、拱北關閘賭場等，平均10～20分鐘一班；穿梭於氹仔區內的澳門銀河、新濠天地、澳門百利宮等大型酒店的免費接駁巴士。

網址：hk.venetianmacao.com

澳門的混血果實

港澳玩不膩／行程規劃書

頂級大秀精采絕倫——新濠天地水舞間

　　水舞間是新濠天地推出的世界級水上匯演，節目籌備 5 年、耗資 20 億港幣製作，已成為遊澳門必看大秀。水舞間的劇場可容納兩千名觀眾，舞臺泳池容量達 370 萬加侖（相當 5 個奧運標準泳池水量），瞬間注滿、轉瞬抽乾，表演融合高難度的特技動作、獨樹一格的空間律動與絢爛奪目的服裝造型，帶來驚呼不斷的 90 分鐘視覺饗宴。

　　水舞間的表演十分熱門，建議確定訪澳門的日期後立刻透過官網購票，選定場次時間、座位後即可刷卡付費。關於座位，預算充足者不妨挑選票價最高的 A 區 EFG401 ～ 428 號、HJKL301 ～ 330 與 HJKL501 ～ 530，次高的 B 區則以 D301 ～ 330 與 D501 ～ 530 較佳。附帶一提，坐在 A、B、C、D 前 4 排者（座位上會放置雨衣），被潑到水或淋水霧的機率很高，請先有心理準備。

INFO

新濠天地水舞間

電話：8868 6767（澳門）、008 01876037（臺灣訂票熱線）
時間：每日兩場 17:00、20:00
票價：VIP 貴賓區 1,521 澳門幣（1,480 港幣）、A 區 1,007 澳門幣（980 港幣）、B 區 801 澳門幣（780 港幣）、C 區平日 596 澳門幣（580 港幣），網路訂票刷萬事達卡（促銷代碼 MASTERCARD）可享 9 折優待。
交通：巴士連貫公路＼新濠天地站、連貫公路圓形地＼新濠天地站、體育館馬路＼新濠天地站 15、21A、25、25X、26、26A、35、50、50X、MT4、N3；免費接駁巴士往來於澳門國際機場、港澳客運碼頭、氹仔客運碼頭、澳門半島（新麗華、澳門旅遊塔）、蓮花口岸等，平均 10 ～ 30 分鐘一班；穿梭於氹仔區內的澳門銀河、威尼斯人度假村、澳門百利宮等大型酒店的免費接駁巴士。
網址：thehouseofdancingwater.com

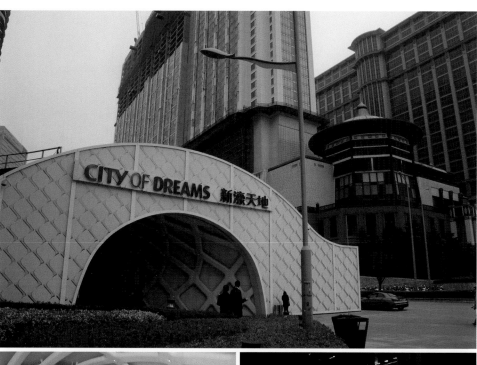

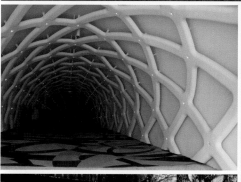

國家圖書館出版品預行編目資料

港澳玩不膩！行程規劃書 / 粟子 文．攝影．
-- 初版．--
臺北市：華成圖書，2015.09
　面；　　公分．--（自主行系列；B6170）
ISBN 978-986-192-254-6（平裝）

1. 自助旅行 2. 香港特別行政區 3. 澳門特別行政區

673.869　　　　　　　　　　　104011963

自主行系列　　B6170

港澳玩不膩！行程規劃書

作　　者／粟子

出版發行／ 華杏出版機構

　　　　　華成圖書出版股份有限公司
　　　　　www.far-reaching.com.tw
　　　　　台北市10059新生南路一段50-2號7樓
　　　　　戶　　名　華成圖書出版股份有限公司
　　　　　郵政劃撥　19590886
　　　　　e-mail huacheng@farseeing.com.tw
　　　　　電　　話　02-23921167
　　　　　傳　　真　02-23225455
　　　　　華杏網址　www.farseeing.com.tw
　　　　　e-mail fars@ms6.hinet.net
　　　　　華成創辦人　　郭麗群
　　　　　發 行 人　　蕭聿雯
　　　　　總 經 理　　熊芸
　　　　　法律顧問　　蕭雄淋・陳淑貞

　　　　　總 編 輯　　周慧琍
　　　　　企劃主編　　蔡承恩
　　　　　企劃編輯　　林逸叡
　　　　　執行編輯　　張靜怡
　　　　　美術設計　　林亞楠
　　　　　印務專員　　何麗英

定　　　價／以封底定價為準
出 版 印 刷／2015年9月初版1刷

總 經 銷／知己圖書股份有限公司
　　　　　台中市工業區30路1號　　電話　04-23595819　　傳真　04-23597123

☺ 讀者回函卡

謝謝您購買此書，為了加強對讀者的服務，請詳細填寫本回函卡，寄回給我們（免貼郵票）或 E-mail至huacheng@farseeing.com.tw給予建議，您即可不定期收到本公司的出版訊息！

您所購買的書名/＿＿＿＿＿＿＿＿＿＿　購買書店名/＿＿＿＿＿＿＿＿

您的姓名/＿＿＿＿＿＿＿＿＿＿＿　聯絡電話/＿＿＿＿＿＿＿＿

您的性別/□男 □女　　您的生日/西元＿＿＿＿年＿＿月＿＿日

您的通訊地址/□□□□□＿＿＿＿＿＿＿＿＿＿＿＿＿＿＿

您的電子郵件信箱/＿＿＿＿＿＿＿＿＿＿＿＿＿＿＿＿＿

您的職業/□學生 □軍公教 □金融 □服務 □資訊 □製造 □自由 □傳播
　　　　　□農漁牧 □家管 □退休 □其他

您的學歷/□國中（含以下） □高中（職） □大學（大專） □研究所（含以上）

您從何處得知本書訊息/（可複選）

□書店 □網路 □報紙 □雜誌 □電視 □廣播 □他人推薦 □其他

您經常的購書習慣/（可複選）

□書店購買 □網路購書 □傳真訂購 □郵政劃撥 □其他＿＿＿＿＿＿＿

您覺得本書價格/□合理 □偏高 □便宜

您對本書的評價（請填代號/ 1.非常滿意 2.滿意 3.尚可 4.不滿意 5.非常不滿意）

封面設計＿＿＿　版面編排＿＿＿　書名＿＿＿　內容＿＿＿　文筆＿＿＿

您對於讀完本書後感到/□收穫很大 □有點小收穫 □沒有收穫

您會推薦本書給別人嗎/□會 □不會 □不一定

您希望閱讀到什麼類型的書籍/＿＿＿＿＿＿＿＿＿＿＿＿＿＿＿

您對本書及我們的建議/

華杏出版機構

華成圖書出版股份有限公司　收

台北市10059新生南路一段50-1號4F　TEL/02-23921167

（沿線剪下）

（對折黏貼後，即可直接郵寄）

☺ 本公司為求提升品質特別設計這份「讀者回函卡」，懇請惠予意見，幫助我們更上一層樓。感謝您的支持與愛護！

www.far-reaching.com.tw　　　請將　B6170　「讀者回函卡」寄回或傳真 (02) 2394-9913